记忆中原丛书

天下之中

驻马店

总主编 赵素萍
执行主编 苏长青
本册主编 孙书杰

河南科学技术出版社
·郑州·

图书在版编目（CIP）数据

天下之中：驻马店 / 孙书杰主编．— 郑州：河南科学技术出版社，2018.7

（记忆中原丛书 / 赵素萍主编）

ISBN 978-7-5349-9223-0

Ⅰ．①天…　Ⅱ．①孙…　Ⅲ．①文化史－驻马店　Ⅳ．①K296.13

中国版本图书馆 CIP 数据核字（2018）第 115685 号

出版发行： 河南科学技术出版社

地址：郑州市经五路 66 号　　邮编：450002

电话：（0371）65737028　65788613

网址：www.hnstp.cn

策划编辑： 李喜婷　汪林中　冯俊杰

责任编辑： 冯俊杰

责任校对： 徐小刚　朱　超　王晓红

责任印制： 张　巍

书籍设计： 赵　钧

排　　版： 蔡　凤

印　　刷： 河南博雅彩印有限公司

经　　销： 全国新华书店

开　　本： 787 mm × 1092 mm　1/16　**印张：** 12.75　**字数：** 217 千字

版　　次： 2018 年 9 月第 1 版　　2018 年 9 月第 1 次印刷

定　　价： 99.00 元

不忘本来　开创未来

《诗经·小雅·吉日》曰："瞻彼中原，其祁孔有。"

中原，本意为天下至中的原野，后来逐渐演化为泛指黄河中下游地区，也称中土、中州、华夏。在某些特定的语境中，中原又是"中国"的代名词。

中原文化是中原地区，主要是河南省的物质文化和精神文化的总称。中原文化是中华文化的母体和主干，在漫长的中国历史中长期居于正统、主流地位，中原文化一定程度上代表着中国传统文化。

河南人爱说"中"。一个"中"字，尽显中原文化的正大气象和源远流长。

中原这块沃土，不仅是东亚现代人类的主要起源地，而且自上古时期就形成了发达的农业文明，并率先跨过了"文明的门槛"。

从夏代到北宋的3000多年间，先后有22个朝代、200多位帝王在河南建都。全国十大古都河南有其四。河南曾长期是全国政治、经济、军事、文化的中心，中国古代创造发明的中心，向全国和世界传播交流文明的中心。

中华文明丰富的文化景观、文化遗存、历史文物、文化典籍和艺术珍品在中原大地比比皆是，使河南如同一座浩瀚的历史博物馆，一本看得见、摸得着的中国历史文化教科书。河南的馆藏文物、国家历史文化名城和全国重点文物保护单位数量，均居全国前列。甲骨文在这里发现，四大发明与河南关系密切，连接东西享誉世界的丝绸之路从这里起步。

水有源，树有根，人有姓。河南是中国姓氏的重要发源地，依人口数量排名的100个大姓中，有70余个起源于河南。中华传统文化通过姓氏家族延续传承，跟随姓氏漂洋过海。"贵姓""仙乡何处"的寻常问候常常引起游子无限的乡思乡愁，也成为近年来河南根亲文化的"重头戏"。

天下名人，中州过半。在"二十四史"中，立传的名人共5700余人，仅汉、唐、宋、明四个朝代，河南籍名人就达912人。在耳熟能详的文化圣人当中，出生于河南或长期在河南活动的近30位。谋圣姜太公、道圣老子、墨圣墨子、商圣范蠡、医圣张仲景、科圣张衡、字圣许慎、诗圣杜甫、画圣吴道子、律圣朱载堉等等，都是中华文化发展史上的不朽丰碑。

中原文化门类齐全，博大精深。文学星空，河南人星光璀璨；中华武术，少林太极称双雄；婚丧嫁娶，人生礼仪在斯；梆弦声里，地方戏风靡大河南北。洋洋洒洒，中原书风千载传承；丹青妙手，河南画苑代有佳作……

中原文化之于中华文化，就内容讲，是最基础、最基本的部分；就特点讲，是最具代表性的部分；就历史发展过程讲，是最具贯穿性的部分；就地域讲，是最具影响力的部分。中原文化具有根源性、原创性、包容性、开放性等诸多特质，开放与包容使得中原文化具有绵绵不绝的生命力与创造力。

中原地处“天地之中”、华夏腹地，九州通衢的独特地理位置决定了中原文化始终处于与外部文化的交流融合当中，这种交流与融合影响到中原文化的方方面面。

早在新石器时代，中原文化便成为推动中国境内各种文化交汇的强大动力，加快了中华文明的进程。

夏、商、周三代是中国历史上的重要时期，其时中原和周边地区交流融合、相互促进，奠定了中华文明形成和发展的基础。汉代，中外贸易频繁，形成了后人熟知的丝绸之路，洛阳成为丝绸之路的东方起点。隋唐时期，洛阳是当时的国际性大都市之一，成为东西方文化、贸易交流和传播的中心。以开封为中心的北宋文化，以丰厚的底蕴、深邃的思想、恢宏的气势、绚丽的色彩，把中原历史文化推向高峰。唐宋之际，中原文化通过丝绸之路、大运河及海上丝绸之路跨出国门，影响波及亚洲乃至世界。

古往今来，无数中原的思想家，用自己的思考深刻地影响着历史的进程，成为中国思想文化的主干，并对世界文化产生了很大影响。西方许多杰出人物如伏尔泰、狄德罗、托尔斯泰等都曾受到《道德经》的影响。而在中原的腹地嵩山脚下，儒、释、道“三教合流”，经过千百年的融汇发展，儒、释、道三种文化已经深深熔铸在我们民族的生命力、凝聚力和创造力之中。

中华文化革故鼎新、生生不息的生命力，源于中华文化与周边文化持续不断的碰撞和融合。

梁启超先生曾指出，中原的中国经过秦汉一统，成为中国的中国；中国的中国经由与印度、日本等接触，成为亚洲的中国；近世以来，中国进入世界舞台，与欧美竞争，而成为世界的中国。

从世界范围来看，不同文明之间的碰撞与交流成为世界历史发展的主要动力；从中国范围内来看，中原文化与周边文化的互动奠定了中华文化的根基；从中原范围内来看，以嵩山周围为核心的河洛文化与周边文化的融合助推中原文化茁壮成长。

八方风雨会中州。目前河南共有17个省辖市，1个省直管市，每个市都有其独特的文化，尤其是一些与外省接壤的市，更是中原文化与周边文化交流碰撞的前沿。南阳的“楚风汉韵”、信阳的“豫风楚韵”久负盛名，三门峡与秦晋文化的交汇，安阳、鹤壁与燕赵文化的融通，濮阳、商丘与齐鲁文化的交融，周口、驻马店与江淮文化的互动，焦作、济源与三晋文化的交流等，都形成了地域文化的独特小环境。这些区域文化之间的开合、融通铸就了中原文化的生命力。

冠八极而尊中原，得中原者得天下。

中原文化，出彩千年！

习近平总书记提出，让中原更加出彩。

河南在全面建成小康社会的快车道上，始终不忘提升中原文化的整体实力和影响力。从“加快文化资源大省向文化强省跨越”，到 “加快建设文化强省”，再到 “加快构筑全国重要的文化高地”，这种渐次提升既契合党中央关于强化文化发展的新理念、新思想、新战略，又体现了河南省委对文化建设的高度重视。

从中原崛起到建设经济强省，博大精深的中原文化始终是河南最为倚重的资源之一；从华夏历史文明传承创新区到全球华人精神家园和心灵故乡的打造，中原文化已经、正在，而且还将要以更加丰富多彩的形式、手段被挖掘、整理、传承和创新。

党的十九大报告指出：推动中华优秀传统文化创造性转化、创新性发展，继承革命文化，发展社会主义先进文化，不忘本来、吸收外来、面向未来，更好构筑中国精神、中国价值、中国力量，为人民提供精神指引。

多年来，依托厚重的中原文化，河南的文史研究、新闻出版、广播影视等部门进行了卓有成效的工作，取得了丰硕的成果。经过充分调研，中共河南省委宣传部决定组织全省各地市市委宣传部编纂大型精品文化普及读物“记忆中原丛书”，一套19卷，分为《品读中原》以及18个地市卷。丛书围绕中原文化精华这条主线，选择各地文化经典和精要，系统梳理河南地域文化特色，全面展示中原文化风貌，讲好中原故事，传播中华文化，凝聚中国力量。“记忆中原丛书”作为一种融媒体出版物，融合多种媒体形式，图书与文创产品并重，文化与旅游资源嫁接，这种创新的出版方式是中原文化更加出彩的一种生动体现，也为中原更加出彩提供精神力量。

天下中原，老家河南。

中原是一座“文化的活态博物馆”。河南堪称全球华人的根亲文化圣地。与其在远处仰望，不如到中原走访。真诚希望读者朋友能从书中感受到中原文化的魅力，更期望朋友们以这套丛书为“路标”，到河南走走，回老家看看。厚重河南欢迎您，壮美中原欢迎您。

“记忆中原丛书”编委会

2018年7月

目录

谈古说今

要事回放

名人扫描

——星光璀璨照长河 41

寻根问祖

——开枝散叶兴中华 79

古城印象

——历史在这里回眸　93

考古探秘

——揭开历史的神秘面纱　115

胜景掠影

——青山秀水天之中　133

名品荟萃

——品质如花香自来　151

“非遗”概览

城市名片

本书音频资源列表

音频故事	来源	页码
范滂诀母	原创	15
唯愿朱衣一点头	原创	21
东门黄犬	原创	42
郅恽拒关	原创	47
一屋不扫何以扫天下	原创	49
三王墓的故事	原创	54
一人得道　鸡犬升天	原创	56
天下第一井	原创	105
少年三难孔圣人	原创	109
刘少奇在竹沟的故事	原创	113
白云山和白云仙桃的由来	原创	143
范张鸡黍	原创	159
王祥卧冰	原创	159
元伯巨卿	原创	159
狗冢庙传说故事	原创	176

本书视频资源列表

视频	来源	页码
《天下之中——驻马店》	原创	1
《发现中国美》第七集《河南驻马店》	央视《发现之旅》栏目	1
《一饭胡麻度几春》（上）	央视《探索发现》栏目2016-07-09	2
《一饭胡麻度几春》（下）	央视《探索发现》栏目2016-07-10	2
《竹沟镇——勇于开拓　敢为人先》	央视《记住乡愁》栏目第三季第五十九集	111
《墓室问史——郭庄二号》	央视《走遍中国》栏目2012-12-16	125
《嵖岈幻境》（上）	央视《地理中国》栏目2015-12-23	134
《嵖岈幻境》（下）	央视《地理中国》栏目2015-12-25	135
百家姓·蔡姓	原创	80
百家姓·柏姓	原创	81
百家姓·江姓	原创	83
百家姓·吕姓	原创	83
百家姓·沈姓	原创	86
百家姓·周姓	原创	87

谈古说今

——天下大郡传奇多

这是一片神奇的土地，中华民族的许多古老传奇就在此孕育成长。

这里是盘古圣地，这里是嫘祖故里，华夏就从这里开始岁岁重阳。

这里是战国时期冶铁铸剑之重镇，这里是奚仲造车的大作坊。

这里是天下之中！这里是千年古驿！这里是鱼米之乡，是历代兵家逐鹿中原的战场。

这里也是红色的土壤，民族英雄杨靖宇从这里出发，在白山黑水间铸就辉煌。

革命圣地小延安——竹沟，两任国家主席在此运筹帷幄、点兵沙场。新四军四师、五师从这里开拔，大刀向鬼子头上砍去，成为民族之脊梁……

谈古说今，这里的故事讲不完、说不尽、听不厌……

天下之中驻马店

央视网

《发现中国美》第七集《河南驻马店》

• 驻马店这方水土 •

驻马店市位于河南省中南部，古为南北重要交通驿站，因来往官差、客商、信使在此驻马歇店，故为驻马店。总面积1.5万平方公里，现辖驿城区、西平县、遂平县、上蔡县、汝南县、平舆县、正阳县、确山县、泌阳县和省直管县新蔡县。市人民政府驻驿城区。驻马店1949年由确山县析设市，1958年撤销，1965年设驻马店镇（县级），1980年复设市。2000年升设地级市，原县级市改置驿城区。

驻马店地处中国南北方、东西部的接合地带，承东启西，贯南通北，素有“豫州之腹地、天下之最中”的美称。京广铁路、京深高铁和106、107国道纵贯南北，京港澳、大广、新阳、沪陕、焦桐5条高速公路穿境而过，省道、县道纵横交错，实现了县县通高速公路，北至郑州新郑机场、南至武汉天河机场仅需两三个小时车程。独特的区位和便捷的交通，使该市成为广大有识之士投资兴业的理想之地。

驻马店市处于北亚热带向暖温带的过渡地带，兼南北气候之长，四季分明，光照充足，雨量充沛，土地肥沃，适宜多种生物生长，是国家和省重要的粮油生产基地，素有“中原粮仓”“中州油库”“芝麻王国”之美誉。全市粮食产量占全省粮食总产量的八分之一，其中小麦产量占全省的七分之一。油料作物产量居全省第一

境内高速公路四通八达

《一饭胡麻度几春》(上)

《一饭胡麻度几春》(下)

位，其中芝麻产量占全省的20%，花生产量占全省的16%。上蔡、西平、正阳、平舆、汝南为全国产粮大县，正阳、汝南、泌阳、确山为全国油料生产大县，西平、上蔡、新蔡、正阳、泌阳、汝南为全省农业综合开发重点县，占全省的四分之一，正阳、平舆、泌阳分别为花生、芝麻、香菇生产第一大县；驻马店“小磨香油”以味醇质优名扬全国，上蔡县的花木、确山县的板栗、汝南县的蔬菜等特色农业在全省乃至全国都有较高的知名度。

城市雕塑《梁山伯与祝英台》

驻马店市矿产资源种类多、储量大。全市已发现的矿种为54种，查明资源储量的矿种42种，已开发利用的矿种40种，其中能源矿种4种，金属矿种6种，非金属矿种30种。该市是河南的人口大市，劳动力资源丰富，富余劳动力达260多万人，每年大学毕业生3万余人；全市土地资源储备充足、旧城改造潜力巨大，建设用地指标充裕。丰富的矿产资源、劳动力资源和宽松的用地指标，为工业生产、城市发展奠定了坚实的基础，提供了广阔的发展空间。

驻马店市是华夏文明的重要发祥地之一，是中华民族的人文始祖盘古创世纪活动的核心区域，是轩辕黄帝夫人嫘祖的故乡，是战国时期闻名天下的兵器制造中心和蔡氏、江氏、柏氏家族的祖根地；它是古豫州的中心地带，是中国中原古道的中心地段，也是盘古文化、女娲文化、伏羲文化、嫘祖文化、重阳文化、梁祝文化、冶铁铸剑文化和车舆文化的发源地。泌阳县、汝南县、上蔡县、遂平县、平舆县分别被中国文联、中国民间艺术家协会命名为“中国盘古圣地”“中国梁祝之乡”“中国重阳文化之乡”“中国女娲文化之乡”“中国车舆文化之乡”，西平县被命名为“中国嫘祖文化之乡”和“中国冶铁铸剑文化之乡”。在五千年的历史长河中，这块秀美神奇的土地，曾经哺育出秦丞相李斯、《盐铁论》编撰者桓宽、志

嵖岈山

怪小说家干宝、唯物主义思想家范缜、抗日民族英雄杨靖宇、豫剧作家樊粹庭、数学家张景中等一大批名人。

驻马店市地处伏牛山脉、大别山脉向黄淮平原的过渡带，水系跨淮河、长江两大流域，境内自然人文景观众多，空气优良，山好、水好、空气好。这里有国家地质公园、《西游记》外景拍摄地、被誉为“中华盆景”的嵖岈山，有风景秀美的铜山、白云山，有天下最小但文化底蕴厚重的天中山等风景名胜。全市水资源丰富，年均总量约为63.6亿立方米，辖区内有大小河流100多条，水库近200座，塘、堰、坝1万多座，总蓄水库容近30亿立方米；同时，该市拥有4个湿地区、478个湿地板块，湿地总面积为5.3万公顷。交错的水系支流、众多的河湖水库，使河南四大优质水源地之一的驻马店充满了江南水乡的秀美；这里植被茂密，优良天气数常年维持在279天以上；它还拥有梁祝故里、秦丞相李斯墓、伏羲画卦亭和战国冶铁遗址、西周蔡国故城、天中山、悟颖塔等丰富的人文资源，其中始建于明朝嘉靖年间的南海禅寺，历史上被誉为“蔡都八景”之一。

改革开放以来，特别是近年来，驻马店市依托区位和资源优势，抢抓机遇，大力培育主导产业，积极推进工业化进程，变资源优势为经济优势，变农业大市为工业大市，培育壮大了蓝天集团、天方药业、昊华骏化、白云纸业、中集华骏、十三香等一批骨干企业，形成了以食品加

汝南悟颖塔

工、能源煤化工、医药、装备制造、轻纺、建材六大产业为支撑的产业结构。

该市紧紧抓住河南实施粮食核心区、中原经济区、郑州航空港经济综合实验区三大战略和新一轮产业转移的机遇，充分发挥区位、资源和产业优势，坚持实施开放招商战略，积极承接产业转移，特别是在改革开放大格局下，全市大招商、招大商的浓厚氛围已经形成。中国农产品加工业投资贸易洽谈会已成为展示全国农产品加工业发展现状、承接产业梯度转移、促进企业转型升级的重要平台。驻马店市已成为中外客商的投资宝地。

扩大交流与合作，是发达地区实现跨越发展的成功经验，也是驻马店市加快发展的必由之路，全市人民将一如既往地坚持以开放促开发、以开放促发展的指导思想，立足区位优势和资源优势，深入实施东西合作，大力开展招商引资，从而实现在未来历史进程中新的跨越。

•“天中”的前世今生•

很久以来，地处中原腹地的驻马店就有一个响亮的别称——天中。这里的人们常常把这块厚土称为天中大地，把滥觞于此的历史与文明定义为天中文化，并为此感到骄傲和自豪。

然而，对于许多域外之人来讲，对当地人认定的天下之中却很不以为然，甚至指出这不过是驻马店人牵强附会、自欺欺人的自我标榜。尤其是2010年在联合国教科文组织举办的第34届世界遗产大会上，郑州登封天地之中历史建筑群被列入世界遗产名录。这种言论就此起彼伏，不绝于耳，驻马店“天中”一说似乎有欺世盗名之嫌，以至最后连很多当地百姓也开始怀疑：驻马店为天下之中是不是个伪命题？

问题的严重性还不仅于此，如果驻马店天下之中被认为是伪命题的话，那延续了几千年、包含丰富内容且一脉相承的天中文化瞬间就成了无源之水，无根之木。失去根基，所谓的天中文化就再也无从谈起。

好在历史不会撒谎，也不会随着时间的流逝而改变、消亡。

那么，天中之说由来何处呢？这，不得不从一座山说起。

这座山就叫天中山。

驻马店市地标——天中柱

所谓天中山，其实就是位于驻马店市汝南县县城北两公里处一座人工堆砌的高台，亦称天台山、无影台。诡谲的是这座山竟小得离谱，因为它上土下石，高丈余。用现代丈量法计算，它的占地面积是540平方米，高是3.6米。如果勉强说是山，那绝对是普天之下第一小山。然而，在驻马店历代史志《山川》一栏中，天中山都会堂而皇之、当仁不让地坐享第一把交椅。足见这座山在当地人心中的地位非凡。

那么，这座名不见经传的小山，又是何时走进历史的典册，何时映入世人眼帘的呢？

答案在1200多年前，唐朝德宗年间。建中三年（782），唐朝叛将李希烈拥兵淮西（治所在今汝南县）挥戈中原，欲自立为王。次年，战事不利，德宗召集朝臣商讨对策。当朝奸相卢杞为排除异己，借机蒙骗皇上，让其派四朝元老、年逾古稀的颜真卿前去淮西劝降。颜真卿明知是计，但为了国家社稷依然慷慨前往。一年以后，因李希烈逆心不归，又对颜真卿的忠贞不屈无计可施，最终将他缢杀于汝南龙兴寺。

在慷慨赴死之前，已知必死的颜真卿留下了写给自己的《祭文》、写给皇帝的《遗表》以及著名的《移蔡帖》。当然，也给驻马店市留下了或许是他人生最后绝笔的《天中山碑文》。碑文边款写道：“周公营洛，建表测景，豫州为天地之中，汝南又豫州之中。”至此，这座看似

唐德宗年间，汝南人民为表彰、纪念颜真卿慨赴国难、视死如归、才优匡国、忠至灭身的伟大精神和高尚节操，在『天中山』勒石立碑，将颜真卿就义前留下的墨宝镌刻于石碑之上

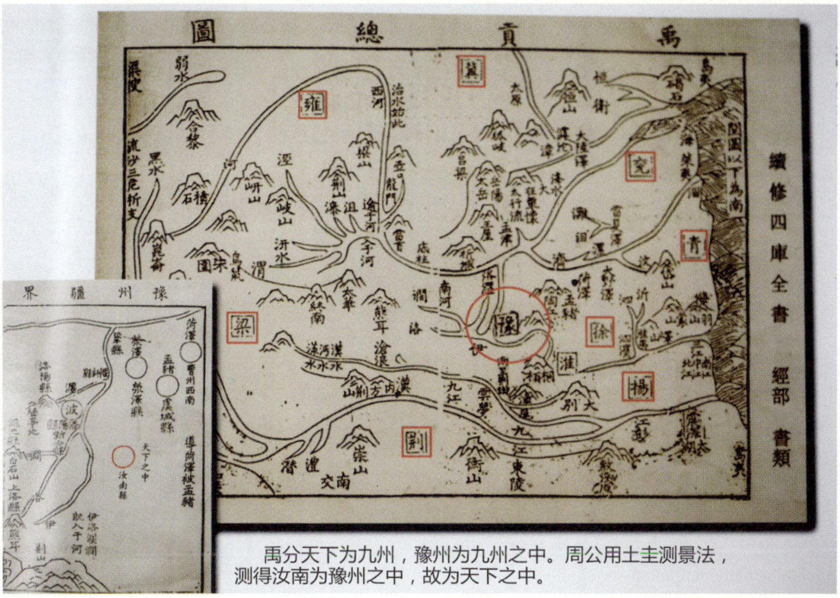

禹分天下为九州，豫州为九州之中。周公用土圭测景法，测得汝南为豫州之中，故为天下之中。

《续修四库全书》禹贡总图

不起眼的小山丘，赫然显露出它非同凡响的身世，它告诉世人，这就是数千年前周公测景所寻找到的天地之正中。

所谓周公营洛指的是西周成王的叔父周公姬旦为了巩固政权营建东都洛邑（今洛阳市东）的行为。此前夏朝第一个君主大禹曾把天下分为九州，豫为中州，也称为中土。周公来到中土洛邑后即派掌管土地的官员在洛邑周边以土圭之法测日影以求天地之正中。最终，他们披荆斩棘，历尽艰辛，在汝河岸边找到了答案，于是便在此填土立石，以表天地之中。可以想象，那个时候汝南还是一片洪荒之地，所以，自古至今在汝南都流传着一句话：先有天中山，后有汝南城。

历史上，除了颜真卿留下的碑文之外，最早把“天中山”付见诸文字的是宋朝庆历年间在蔡州（治所在今汝南县）任通判的著名经学家刘敞，他的《公是集·天台山记》无疑是见证天中历史的权威文献。此记节录如下：

汝阳有天台山，在今县北三里所。其高尺余，传自古至今，莫有能损者。其上土，其下石也。亦曰天中山。以为豫州于四方最中，汝南故刺史治，于豫州亦最中，是山于汝南又最中，盖处天地三万里之极。自古考日景、测分至者，皆莫正于此，以是名之。……要之：有山之名，无山之情，而民不厌以山称之，盖得四方之中，易所谓地中之山，谦尊而光，卑不可瑜者也。故作记表其地。

在这篇文章里他强调天中山就是自古考日景、测分至者，是天地之中。

从此之后，历代学者在提到天中山时都会沿用这一说法并且毫无异议。譬如宋嘉定年间由潘自牧撰写的《记纂渊海》即有：“天中山在汝阳县北，以在天地之中，故名。”

明张岱辑纂的类书《夜航船》在“山川”类中也收录了“天中山”条目：天中山，汝宁府城北。在天地之中，故名。自古考日景、测分数，莫正于此。

明末清初著名的历史地理学家顾祖禹在他的《读史方舆纪要》中也提到天中山：“天中山在城北三里，亦名天台山。高尺余，上土下石，以在天地之中，故名。自古考日景，测分数，以此为正。”

不仅如此，官方的文献中同样认可汝南为天下之中的说法。元代的《统一志》云：豫州于四方最中，汝南于豫州又最中。其后明清时期的《一统志》也继承了这一说法。可见，无论是官方还是民间，将汝南天中山作为天下之正中已是不争的事实。

除此之外，以诗为形式描写天中山的则更多，如刘敞的《天中山》：

兹山陂陀但盈尺，其下盘根乃无极。

勇如共工莫可触，力敌愚父无能役。

开辟以来传至今，形势虽小当天心。

斗极回旋未易测，日景短长犹可寻。

石旁阴穴穿洞府，中有神物为之主。

祷祠往往见光景，暵旱时时作霖雨。

由来丘山贵灵不贵大，正复陂陀亦何怪。

如明汝宁知府苏广泰的《咏天中山》：

北郊高阜处，传是天中山。

耕牧从容得，峰峦隐伏间。

兴渊龙自卧，锦水鸭长闲。

怀古看今日，萧萧鬓欲斑。

再如清顺治时汝宁府知府金镇的《天中山》：

孤屿当城北，登临见大荒。

云阴连楚甸，山色入吴房。

百战余残垒，千村祗夕阳。

土圭常不改，影似昔时长。

再如近代藏书、刻书家金钺的《天中山》：

天中山畔草芊芊，十里平皋起晓烟。

兵火几年村落尽，昔时圭影独依然。

那么，从天中山过渡到天中这样的称谓又出现在何时呢？说来还是从宋朝开始的。

真是无巧不成书，首次将驻马店称作天中的不是别人，正是刘敞的弟弟、著名史学家刘攽。此人曾在他哥哥刘敞之后在蔡州做过知州，在来蔡州之前写过一首诗——《与顾子惇同为秘书少监今年余以病求守汝南子惇亦除河东漕作诗纪事亦用送别》：

蓬莱阁下枕书眠，一日除官不后先。
并土山河多马地，汝南粳稻濯龙渊。
壮心自喜谈兵策，暮齿长惭守乘田。
别后天中相望处，参旗横注太行边。

刘攽在这首作别诗中首次直接用天中作为他与朋友相望之处，可见天中一词在宋时已被使用。

自此以后，天中这样的字眼便频频出现在文人雅士的诗文当中，如明汝阳县知县乐和声（岳和声）的《又别汝南诸乡绅》：漫说汝南名月旦，直看淮北是天中。

又如清诗人冯廷櫆的《朗陵行》：荆河惟豫州，厥赋实第二。汝南天之中，亦属中上地。

又如清诗人张九镡的《信阳大雪》：汝南城郭在何处，回首不见关南东。凭陵荆楚压淮蔡，青山一发来天中……

另外，从明清以来，时至今日，以天中之谓相称的建筑、道路、书刊等更是比比皆是。

譬如明嘉靖年间汝宁知府徐中行在修缮汝南笃志书院时将书院更名为天中书院。

明代确山人陈耀文，曾任南京户部郎中，监察副史，著类书《天中记》六十卷，其跋即表明因所居之地在天中山旁，因而以天中为书名以记之。后编入清乾隆《四库全书》，纪晓岚在该书提要中说："是编乃其类事之书，以所居近天中山，故题曰《天中记》。"

清初理学家、上蔡人张沐，著有《溯流史学抄》二十卷，其中六卷为《天中录》。

而现在的驻马店市有天中广场、天中山大道，有报刊《天中晚报》《天中学刊》《天中》，有书籍《天中史话》《老杜走天中》等，还有天中文化研究会、天中书城以及以天中命名的公司、学校、医院等。可以说，天中这个名词如同人的基因，早已融入驻马店这座城市的血脉之中而再也不能割离。

天下之中驻马店，是历史选择了它，同样，它也选择了历史。

蔡国风云六百载

在中国的历史上，有一个非常特殊的时代，被史学界称为诸侯列国时代。列国指的是中国历史上秦朝以前分封制下的诸侯国。而在当时的一百多个诸侯国当中，有一个国家虽然历经无数风云激荡、变迁与毁灭，但还是顽强延续了近600年的时间。尽管它最终无法逃避消亡的宿命，但在漫长的历史当中演绎出的一幕幕的悲喜剧却让这块土地上的后人唏嘘不已。这，便是地处中原腹地的诸侯国——蔡国。

蔡国，中国周朝的一个中等诸侯国，国君为姬姓，侯爵，首任国君蔡叔度为周文王姬昌之子，周武王姬发的五弟。

武王战胜商朝的纣王、平定天下以后，大封功臣和兄弟。于是把管地分封给叔鲜，把蔡地分封给叔度；并以殷都以东为卫，由叔鲜监之；殷都以西为鄘，由叔度监之；殷都以北为邶，由叔处监之，总称“三监”，以商旧都封纣王的儿子武庚。

周武王死后，周成王年幼即位，周公旦掌握国家大权。周武王的弟弟中管叔鲜最长，按照兄终弟及的惯例，他最有资格摄政，因此周武王的遗命被他认为是遭到了周公的篡改，加之周公制定的礼制严格限制诸侯势力，引起了周武王群弟的不满和猜忌。而武庚早有复国的野心，于是管叔鲜和蔡叔度扶持武庚一起叛乱。这时武庚不仅联合“三监”，而且又和殷商旧地东夷的奄、蒲姑等方国串通，叛乱反周，

见证蔡国数百年风云的故城城墙

局势十分严重。

周公联合召公奭，采取果断措施，亲率大军东征。诛斩武庚，杀死管叔鲜而流放了蔡叔度，流放时只给了蔡叔度十乘车和刑徒70人为随从。这次暴乱史称“三监之乱”，最终以周公全胜而结束。

而蔡叔度，由于颠沛流离，加上贫困、郁闷、恐惧，不久，便在流放中死去。他的儿子叫姬胡，虽没能继承父亲的爵位，但他审时度势，一改其父旧行，尊德向善。周公听说后，举荐他做鲁国的卿士，鲁国大治。周公向周成王建议，又把姬胡封在蔡地，以行蔡叔的岁时祭祀之礼，姬胡就是蔡仲。他成了蔡国第一位真正意义上的国君，也开启了蔡国立国的大幕。

周朝的诸侯国，见于经传的有一百七十余国，它们各自为政，为了生存，或相互抱团取暖，或互相攻伐兼并，中原一带，更是扰攘不断。

蔡国作为三监之一，开始实力还是雄厚的，自蔡仲复国后，也能参与勤王。蔡国在此后的几百年间保持着基本正常的运作。至蔡哀侯初年，蔡国尚有实力出兵与他国角力打仗。别国也不敢小觑它的实力而贸然进犯。然而，所谓人不作死不会死，就在蔡哀侯十一年（前684），蔡国风云突变，国家也从此厄运连连，生出许多事端，走向了灭亡的道路。这还得从历史上有名的一个故事说起。

在春秋战国时期，国与国之间相互联姻是一种常见现象，是各诸侯国拓展生存空间的一个方式。蔡国地处四战之地，自然也不例外。譬如与齐国、楚国、陈国、宋国等都联姻过。蔡哀侯娶的夫人便是陈国的公主。蔡哀侯夫人有个妹妹叫息妫，是息国国君的夫人。

那一年息夫人回陈国探亲，顺路到蔡国探望姐姐。谁知在接风的宴席上，一向轻佻贪色的蔡衰侯一见小姨子如此美貌，竟无视国体调戏息妫，不仅言语轻薄，更拉住息妫的手不放。息妫为了国君夫人的尊严，不待盛筵结束，便率随从拂袖而去。盛怒之下的息妫回到息国，将此事告诉了息侯。息侯听说夫人被连襟欺侮，不禁怒火中烧，当即决意报复。无奈息国力量薄弱，根本不是蔡国的对手，于是急晕了头的息侯竟向楚王献计，由楚国假装攻击息国，让息国向连襟的蔡国求救，再合兵进攻蔡国的军队，对于楚国来说，这可真是天上掉馅饼、想瞌睡就来枕头的好事，楚王自然是毫不犹豫地答应。

依计行事，蔡哀侯果然亲率大军来救，安营未定，楚兵便四面包围进攻，蔡哀侯在黑夜中仓皇突围，奔至息城，息侯却紧闭城门。蔡哀侯走投无路，大败而逃。楚军从后面紧追不舍，一直到莘地（在今汝南县）才捉住哀侯，把他押回了楚国。在路上哀侯目睹息侯大张旗鼓地犒劳楚军，这才大梦初醒，方知中计，但悔之已晚。

蔡哀侯由于在莘地战役遭俘，因此怨恨息侯，便利用机会在楚文王面前赞美息夫人。楚文王贪恋息夫人的美貌，便设宴招待并袭击息侯，息国从此灭亡。周惠王二年（前675），蔡哀侯在楚国遭扣留九年后忧愤而死。

不过做傻事的并不止蔡哀侯一人，同样低智商的还有蔡穆侯。蔡穆侯为了与齐国建立关系，把妹妹嫁给齐桓公做夫人。周惠王二十年，齐桓公和蔡夫人乘船游玩，没想到这个不着调的夫人使劲晃船，不会水的桓公吓得脸色苍白，拼命制止她，但她还是晃个不停。齐桓公一怒之下，把蔡穆侯的妹妹送回娘家，不过齐桓公却并未与她断绝关系，可能只想惩戒一下而已。谁知蔡穆侯更不着调，随手把妹妹嫁给了别人。这下真捅了马蜂窝，面对实力远在自己之下的蔡国，齐桓公下令讨伐蔡国。蔡国大败，自不量力的蔡穆侯被俘。后来还是其他诸侯替蔡穆侯向齐桓公道歉，齐桓公才放他回国。

周襄王六年（前646），蔡穆侯去世，其子甲午继位，这就是蔡庄侯。周襄王九年，齐桓公去世，春秋的第一个霸主谢幕。周襄王十九年，蔡国追随楚国围攻宋国，宋向晋国求救。次年晋文公派兵进攻楚的盟国曹、卫，晋、楚两大军事集团遂爆发城濮之战。作为楚军右翼的陈、蔡军队首先被击溃，功败垂成，晋文公登上霸主地位，从此形成南北两大营垒，其余小国不是依晋，就是附楚，依赖强国的保护而生存，稍有不慎，就会面临灭顶之灾。

要说，自己的祖辈犯下错误，后代应该吸取教训才对。但这种亡国亡君的错误依然持续。

周景王二年（前543），蔡景侯给太子般从楚国娶来一个漂亮媳妇，觊觎美色的蔡景侯竟然与儿媳通奸，被太子般发现，愤怒的般杀死了父亲蔡景侯，自立为君，就是蔡灵侯。

不过，弑父之君蔡灵侯也没落得什么好下场，最终也是死于非命。

周景王四年，楚国公子围杀国君郏敖

自立为楚王，这就是楚灵王。周景王十四年，楚灵王借口蔡灵侯杀父，诱骗蔡灵侯到申地（今南阳市东南），预先埋伏甲兵，用酒宴招待蔡灵侯。蔡灵侯醉后被楚人杀死，跟随蔡灵侯的七十名士兵也遭刑受害。楚灵王又命楚公子弃疾围攻蔡国。十一月，楚灭掉蔡国，任命弃疾做蔡公。

楚灭蔡三年后，楚国公子弃疾杀了楚灵王，代其为君，这就是楚平王。平王找到蔡景侯的小儿子庐，立为蔡国国君，这就是蔡平侯。周景王二十年，因受楚国的逼迫，不得已，蔡平侯将国都迁往吕地（在今新蔡县）。

蔡平侯在位九年去世，他的儿子朱继位，只是屁股还没坐热，蔡灵侯的孙子东国趁势兴兵就把蔡侯朱打跑了，东国自立为国君，这就是蔡悼侯。蔡悼侯攻打蔡侯朱是有原因的。蔡悼侯的父亲是隐太子友。友本是蔡灵侯立的太子，蔡平侯继位后立即诛杀了隐太子友。因此蔡平侯一死，隐太子友的儿子东国就攻打平侯的儿子，一是替父报仇，二是自立为君。不过，蔡悼侯实在无福享受荣华富贵，仅在位三年便一命呜呼。

蔡悼侯死后，他的王位传给了弟弟申，这就是蔡昭侯。周敬王十一年（前509），看似平静的国家又起波澜。蔡昭侯去朝见楚昭王，带去了两件漂亮的皮衣，一件献给昭王，一件自己穿。楚国令尹子常看见后艳羡不已，也想要一件穿穿，便向蔡昭侯讨要，不想蔡昭侯不舍得给。这下就惹了大祸。子常就向楚昭王说蔡昭侯的坏话，楚昭王二话没说就把可怜的蔡昭侯扣留了起来。蔡昭侯糊里糊涂被囚在楚国达三年之久。后来才知其中原因，原来都是那件皮衣惹的祸。吓得赶忙把自己那件皮衣献给了子常，子常接受皮衣后，心情大好，遂向楚王建议把蔡昭侯放回国。又恼又羞的蔡昭侯回国后赶到晋国，请求晋国帮助蔡国攻楚，以雪奇耻大辱。但晋定公对他的请求根本就没当回事，蔡昭侯只能忍气吞声返回。

周敬王十四年夏，复仇的机会终于来了，蔡国按晋国意愿灭掉沈国，楚王大怒，发兵攻蔡。蔡昭侯派其子去吴国做人质，请吴国发兵共伐楚国。吴王同意了。冬天，蔡昭侯与吴王阖闾攻破楚国，进入楚都城郢。因蔡昭侯痛恨子常，子常心中害怕，仓皇逃到郑国。周敬王十五年，吴国撤军，楚昭王光复楚国。周敬王二十七年楚昭王讨伐蔡国，蔡昭侯恐慌，慌忙向吴国告急。吴王认为蔡国都城距吴国太远，要求蔡昭侯将其国都再迁得离吴国近一些，以便于出兵相救；蔡昭侯也不与其他大夫商量，暗中答应了。于是吴国出兵救蔡，蔡昭侯把蔡国都城迁到州来（在今安徽省凤台县）。周敬王二十九年，蔡昭侯要去拜见吴王，蔡国大夫们怕他再次迁都，就指使一个名叫“利”的盗贼杀死昭侯，然后又杀掉利以推诿杀君之罪，于是拥立昭侯之子朔为国君，这就是蔡成侯。

在此之后，式微的蔡国每况愈下，它凭借着吴国的庇护将国脉又延续了几十年。周贞定王二十二年（前447），楚惠王灭掉蔡国，蔡侯齐出逃，蔡国从此祭祀断绝，一个在中原大地生存了近600年的诸侯国就此终结。

• 中土大郡汝半朝 •

在驻马店悠久的历史当中，曾经出现过一个文化灿烂、群贤辈出的时代。这个时代足以让天中的后人引以为豪。这就是东汉时期出现了“汝半朝”现象。

“汝半朝”起于何时，终于何日？一般的说法都集中在东汉。但仔细想来，它应该起于西汉、盛于东汉才对。“汝南固多奇士”，遂成史家公论。

西汉初年，汉朝沿袭秦朝的政治制度，设“三公、九卿”。地方上设郡、县外，还在各地设封国。高帝四年（前203）第一次设汝南郡。当时的汝南郡治所在今平舆县射桥镇古城村，下辖37县。管辖范围相当今河南淮河、颍河之间，京广铁路西侧一线以东，安徽茨河、西淝河以西、淮河以北地区。

汉王朝在夺取政权后，吸取秦王朝灭亡的教训，开始推行一系列开明措施，提拔任用了一批贤臣廉吏，使西汉成为历史上最负盛名的王朝之一。而当时汝南郡地处中原，洪河、汝河、淮河贯穿其境，自然条件得天独厚，加之汝南郡为天下大郡，人口有210多万，经济、文化出现了空前繁荣的局面，整体水平高出全国其他诸郡。因此，从西汉末开始，汝南籍为官者已登朝入府，为他人所羡慕。到了东汉时期，更是群贤竞秀，为世人瞩目。

据后人统计，当时汝南人入朝为官600石以上职位的就有60多人，《后汉书》中立传的有30多人。因此，史书上称“汉末论党季，汝南实其渊”。

在“汝半朝”时期，汝南籍为官者，有人曾做过统计，除了本书已经专门介绍过的陈蕃、郅恽外，还有许多，如：

蔡衍，汝南人，官至议郎。

陈翔，汝南召陵人，官至御史中丞。

张酺，细阳人，官至太尉。

郅寿，西平人，官至京兆尹。

周防，汝阳人，官至陈留太守。

钟兴，汝阳人，官至左中郎将。

戴凭，平舆人，官至虎贲中郎将。

袁良，汝阳人，官至司空。

周嘉，平舆人，官至零陵太守。

戴遵，慎阳人，官至侍御史。

袁京，汝阳人，官至侍中。

周畅，汝阳人，官至光禄勋。

袁彭，汝阳人，官至光禄勋。

袁彭之弟袁汤，官至太尉。

何并，平舆人，官至陇西太守。

许训，平舆人，官至司徒。

许相，平舆人，官至司空。

张喜，汝阳人，官至司空。

袁原，汝阳人，官至司徒。

许敬，平舆人，官至司徒。

黄浮，汝阳人，官至东海相。

范滂，征羌人，官至光禄勋主事。

李咸，西平人，官至太尉。

范滂诀母

袁敞，汝阳人，官至司空。

……

在以上这么多汝南籍为官者当中，有许多人后来名扬天下，甚至成了左右朝中政局的人物。比如陈蕃、范滂以及陈翔、蔡衍等。也有忠直之士，以名而誉天下。像何并，其祖父本就是高官。何并自平舆徙平陵后为长陵令，治理县政，路不拾遗。迁陇西太守，后徙颍川。此时，颍川尚书令钟元，有权有势。其弟钟威在颍川借其兄的势力无恶不作，横行乡里。何并到此后，杀钟威于雒阳，并悬其首于闹市，足见何并忠勇果敢。

还有黄浮。灵帝时，王侯权贵，穷奢极侈，其奴仆出入皆乘牛车。这些王公贵族的姻亲更是鱼肉乡里，祸害百姓。老百姓都对他们恨之入骨，视之为盗贼。当时武原侯徐璜的哥哥徐宣为下邳令，暴虐尤甚。有一次，他想娶曾做过汝南太守的李嵩的女儿为妾，李嵩坚辞不允。徐宣便率一帮打手跑到李家，抓住其家中妇女，戏射杀之。当时黄浮为东海相，听到此事后，愤怒无比，将徐宣家中老少悉数抓去，无论少长悉拷之。黄浮部下皆害怕，请黄浮三思而后行。黄浮说，徐宣国贼，祸害乡民，残杀妇女，不杀怎能平民愤？我今日把他杀了，明天就是被处死，也足以瞑目了。就这样，他把徐宣的罪状一条条弄清公布后，当即将其处死，并暴尸于市，以示百姓。一时间，郡中震栗。

在整个西汉、东汉时期，汝南籍的官员名震朝野。然而，“汝南固多奇士”并不仅仅指那些在朝为官之人。除了那些人之外，还有一生致力于著书立说者，譬如西汉的桓宽所著《盐铁论》，不仅保存了西汉中期较丰富的政治、经济、军事、文化史料，也把桑弘羊这一封建社会杰出理财家的概略生平、思想和言论相当完整地保留了下来，成为研究中国当时的社会矛盾、思想斗争和经济思想的一部重要著作。汝南人尹更始父子，被称为一代儒学大师，所著《春秋穀梁传章句》名满天下。还有汝南人许慎撰《说文解字》，集文字学和古文经学、训诂学大成于一体，成为中国历史上的第一部字典。

汝南奇士中有为官者，也有不愿为官者。东汉时期，这种风气尤甚，这些奇士视名利为粪土，愿平生仰望山林。其中，平舆人廖扶，慎阳人戴良，安阳人魏桓最为知名。

廖扶，字文起，精通《韩诗》和《欧阳尚书》，教授圣徒常数百人。其父为北地太守，后因故下狱而死。廖扶亲眼看到父亲为官的结果，叹曰：“老子有言，名与身孰亲？吾岂为名乎！”遂绝志世外。专精经典，尤擅长天文、谶纬、风角、推步之术。曾预知岁荒，乃聚谷数千斛，赈济给宗亲姻亲。州郡公府辟召，皆不就。大家都叫他“北郭先生”。汝南太守谢焕从前听过他的课，到汝南就任后，第一件事就是派人送上门人之礼，随后又以学生的名义看望他，都被他谢绝。廖扶活到八十岁去世，临终又劝告子孙不要为官。

戴良，字叔鸾，是戴遵的曾孙。此人从小即有怪才，言语议论常常惊世骇俗。有一次，同乡好友谢季孝问他：“你自己看天下谁人能与你相比？”戴良答：“我若仲尼长东鲁，大禹出西羌，独步天下，谁与为偶！”郡人举他为孝廉，不就，再征召为司空府官员，他过了一年也没上任。州郡急了，迫他就范。他一边答应，一边同妻子逃入江夏，从此再不回家。

还有魏桓，此人几次被征不应，家乡人都劝他前往。他说，求取官职希望受到朝廷任用，目的是实现自己的抱负。现在后宫宫女有几千名之多，难道能够削减吗？厩里的马匹千万，难道可以可减少吗？皇帝身边俱是权贵豪门，难道能驱除吗？大家都说，不可。魏桓叹了口气说："让我活着去应征，死了再被送回，对各位又有什么好处呢？"遂隐身不出。

有关"汝半朝"现象，后人尤其是天中的专家评论颇多，说此现象绝非偶然，是时代的产物。归结起来，原因有三：一是经济的繁荣促进了文化的发展，"鱼稻之饶，流衍他郡"，故人才辈出有坚实的经济基础。二是在经济发展的基础上，汝南郡兴教办学者日益增多，青年学子读书进仕，蔚然成风。首先是当地官吏大力兴学。东汉汝南郡太守寇恂，一上任，就促建乡村学校，从外地聘请教授来汝南讲学，寇恂也亲自到学校教课。继任太守欧阳歙上任后，在郡内兴办专门讲授《尚书》的学校，同样也效仿前任亲自授课。汝南人蔡玄，在家乡兴办私学，门徒经常有上千人，一辈子教过的学生登记在册的有16 000人。

三是汉朝的选官制度。在汉朝，朝廷任用官员的方式是察举征辟制。察举就是每隔一段时间皇帝就会下诏公开征求人才，由中央和地方各级主管官员将人才向政府推荐，经考核后择优录用，授予职位。征辟是朝廷下令征召有名望的高士乡贤，直接录用为官，叫征士。此种制度在西汉时期的确起到了促进社会发展的良好作用。但到了东汉，尤其是东汉末年，这种制度由于没有一个统一的尺度，往往被滥用。一些豪族权贵利用手中的特权，为维护自身利益不惜收召姻亲故交，因此出现了公门有公，卿门有卿，累世公卿的局面。最有代表性的人物袁安，其族五公三卿，门生故吏遍布天下。因此，清人顾泰民在游历袁安故里时写诗称："纵是汝南多月旦，应教此事独推袁。"一方面说"月旦评"推出许多乡贤，另一方面又感叹"月旦评"虽名扬天下，但论起推荐人才却远不及公卿袁氏。

其实，"汝半朝"在当时能够出现，还有两个方面的原因：一是天中人海纳百川、包容万物、兼收并蓄的胸怀，造就了其独特的人格特征。二是无论是先秦的孔子入蔡，还是韩非避难西平，以及后来的郑当时、召信臣、邓晨、欧阳歙、鲍昱治汝南，他们把文明的火种播撒，与天中文化相互交融，让天中先贤足不出户便知天下，未及远行便成教化，这些原因加在一起最终促成了"汝半朝"名冠诸郡，在历史的天空上画出了一道空前绝后的彩虹。

·名流知汝蔡　政声誉古今·

自从西汉高帝二年（前205）始建汝南郡，至今已有2200多年的历史，在这漫长的岁月当中，除了从这块神奇土地上走出去的无数天中之子外，这片赤土也迎来送走了众多名耀中华的良吏名臣和文化巨擘。他们不仅给这里的人们带来安定和富足，也带来了文明和进步。最终成为天中文化重要的不可分割的组成部分，永远载入驻马店辉煌的历史当中。

首先要说的是汉朝的两位贤臣：召信臣和杜诗。这两人曾为河南南阳太守，且皆有善政，使人民得以休养生息，安居乐业，故南阳人为之语曰：“前有召父，后有杜母。”成语“召父杜母”便由此而来。不过，却很少有人知道这二人在任南阳太守之前都在汝南郡为官。

召信臣，字翁卿，九江郡寿春县人。以明经甲科身份任郎官，出京补做穀阳长（汉朝规定：万户以上的县的长官称“令”，不满万户的县的长官称“长”）。在考绩中列为头等，调任上蔡长。召信臣在上蔡县时，工作勤勤恳恳，治理政务有的放矢。一到上蔡，召信臣便把主要工作放在农田和水利方面，短短几年，他在上蔡与百姓一起开沟渠、疏河道、筑水闸几十处，使当地的百姓以田得利，蓄积有余，他还为百姓制定了用水的规定，并把这些规定刻在石碑上，立在田地边界处，以防止争抢。此外他还禁止婚丧嫁娶时奢侈浪费，致力于推行勤俭节约的风尚。提倡务出于节俭。就这样，他的治地很快文明之风盛行，百姓安居乐业。

几十年之后，东汉初年杜诗也来到上蔡县任上蔡长。杜诗，字君公，河内郡汲县（今卫辉市）人。年轻时就有才能。担任郡功曹，有公正廉明的美称。他在汝南郡先为上蔡长，后又做汝南都尉，先后工作了四年。这期间，他除了修治陂地，

杜诗

广拓田土，使郡县百姓生活殷实。最让百姓称道的是他开掘五条水渠。当时，这里水患频发，百姓苦不堪言，杜诗实地考察后在城东五里、十里、十五里、二十里、二十五里处自北向南开挖出五条疏浚的水沟，使昔日肆虐的洪水失去了淫威，让万亩良田得以旱涝保收。为了纪念这位爱民如子的父母官，当地人把这五条沟命名为杜沟。至今杜沟依然发挥着疏浚洪水的作用。

唐武后垂拱四年（688）九月，豫州（治所在今汝南）来了一个新刺史，此人正是因事而贬的唐朝名相狄仁杰。

狄仁杰到汝南做豫州刺史仅仅两月有余，在他之前，豫州刺史是越王李贞。狄仁杰之所以来到汝南，原因皆起于武则天

台北「故宫博物院」藏狄仁杰像

谋夺李氏社稷而引发的一场宗室之乱。越王李贞也参与了反叛，事后兵败自杀。

然而天中的后人不该忘掉狄仁杰。他在做豫州刺史的两个月内共做了两件大事，让本地的万名无辜百姓免遭涂炭。而他所付出的代价是罢官革职。

上任伊始，他首先遇到的就是一个非常棘手的问题：李贞战败后，按当时的法律，凡属叛军者一律当诛，包括叛军家属。这就是说有六七百参与叛乱者和他们的家人共5000多人要集体处死。因而整个汝南城弥漫着死亡的阴影，5000多人坐以待毙。刚刚赴任的狄仁杰，不顾律令森严，毅然密奏武则天：这些人是因为受到欺骗才被牵连的。臣本想按规定上奏，又觉得是为叛军申理。可知道情况而不说，又怕陛下心存抚恤的想法，写好的奏章又毁掉，不知该怎么办为好。这些人反叛并非自己的心愿，还盼望陛下可怜他们是遭受了蒙骗。

几天之后，密奏送到了武则天那里。她也觉得狄仁杰说得有理，于是将这些人改判为流放，迁徙至丰州（治所在今内蒙古五原西南）。当这些人走到宁州（治所在今甘肃宁县），宁州百姓告诉他们是狄仁杰密奏才让他们保住了性命时，大家

才知道救命恩人是谁。于是，众人相携跪哭于宁州百姓为狄仁杰所立的德政碑下，又设斋三日以谢狄仁杰救命之恩后才又北行。他们到达丰州后，又为狄仁杰立碑，以报恩德。所以，时至今日，内蒙古河套地区仍建有狄公祠。汝南籍后人每逢过节，都要烧香叩拜。

狄仁杰在汝南的第二件德绩是制止了一场兵患。越王李贞反叛后，武则天派宰相张光辅率师征讨。叛乱平定之后，将士们恃功自傲，在当地为所欲为，为害百姓，而张光辅也听之任之。狄仁杰看到这种情况，坚决要求制止。张光辅非常恼怒，指着狄仁杰的鼻子说：“你一个地方官吏敢不把元帅放在眼里吗？”狄仁杰寸步不让，说：“乱河南者，仅一个李贞，今天想不到一个李贞死去却生出了一万个李贞来。”张光辅听后更为光火，质问他怎敢这样说话。狄仁杰义正词严地回答：“大人总兵30万，所诛者止于越王李贞。城中听到官军到，翻墙出城投降者四面踩成了小路，可大人怂恿将士暴掠，诛杀已经投降的士兵来为自己增功，流血遍野，不是一万个李贞又是什么？但恐怨声沸腾，上彻于天，我真恨不能得到尚方宝剑加于大人颈上，虽死如归耳。”

一番大气凛然之辞说得张光辅无法辩驳，只好带兵而归。然而，因受了狄仁杰一番怒骂，身为宰相的张光辅心中对他恨之入骨。回到洛阳，第一件事就是劾奏狄仁杰不逊之罪。虽然武则天明知张光辅无理，但碍于面子，当即下诏，削夺狄仁杰豫州刺史之职，先贬为复州刺史，接着又贬为洛州司马。就这样，狄仁杰在救万民于水火之中后，在奸佞的谗言诽语中泰然告别了豫州。

时间推移到了宋代，有更多的朝臣来到天中之地任职。吕端便是较早到蔡州任职的一位名臣。吕端，字易直，幽州安次（今河北廊坊西）人，北宋名相。20世纪50年代，中共中央主席毛泽东在一次中央会议上对叶剑英元帅说：“剑英，我送你一句话：‘诸葛一生唯谨慎，吕端大事不糊涂。’吕端大事不糊涂，剑英足以当之。”这样一来，“吕端大事不糊涂”的吕端就更为现代人所知晓了。

吕端任蔡州知州大约在北宋雍熙二年至四年（985—987），虽在蔡州时间不长，但屡有善政。吕端来蔡州上任时，由于蔡州多年历经战乱，加上旱灾、水灾和蝗害，早已是人烟稀少，百业凋敝，大片土地荒芜无主。看到这种情况，吕端奏请皇上，经批准，他从晋州、云州、朔州（三州俱在今山西省境内）招募农耕之人，向蔡州移民，给他们建园舍、分土地，同时又积极妥善解决当地百姓和移民之间的矛盾，使之和睦相处，一同发展生产。短短两年，当地就恢复了生机，百姓安居乐业，凋敝的蔡州又成了远近闻名的粮仓。吕端离任时，蔡州百姓万人空巷，吏民联名上奏相留。

富弼

北宋名相富弼也是一个。富弼，字彦国，洛阳人。富弼在驻马店的时间是在宋仁宗至和元年到至和二年（1054—1055），以大学士徙知蔡州。他在蔡州这段时间虽然不长，却深得民心，尤其是他“不以名位自骄，专意民事，有情必达”，并且善治讼，明决断，而深受民众敬仰。有一次，他来到上蔡办案，一天之内便处理了该地积案30余例，被当地百姓称为“青天判官”。在蔡州时，富弼除了为当地百姓办了许多实事外，还知人善任，力举有善政的部下。确山知县鲁有开，勤政为民，清廉为官，有古循吏之誉，被富弼举荐为金州知州。新蔡县令黄好濂在该县遇到洪灾之时，想尽办法赈济灾民，恢复生产，被提拔为蔡州通判。至和二年，在蔡州为官约一年的富弼因皇帝下诏，拜同中书门下平章事，在百姓的洒泪相送下离开了蔡州。

当然，以上所提及的大臣名相仅仅是很少的一部分，更多的只能一笔带过，譬如也是北宋名相的夏竦，也在蔡州做过知州。更有趣的还有兄弟档、父子档。如北宋名臣吕公著、吕公孺，唐宋八大家之一的欧阳修和他的儿子欧阳棐，以及曾两次出任蔡州知州的孙祖得等。他们绝大多数不仅为官一任、造福一方，而且还把文化的火种播撒在天中大地上，从而泽被后人，辉耀古今，最终成为驻马店厚重历史不可或缺的组成部分。

惟愿朱衣一点头

要事回放

——大地无眠听风雷

中原鼙鼓敲了几千年，天中的历史也回荡了几千年。历史长河风云激荡、波澜壮阔，潮起又潮落，只不过很多时间它们隐藏在黄卷故址之中。在这里既有擒贼擒王的李愬雪夜入蔡州的经典之战，又有金帝国陨落汝南岸边的悲情与哀叹。这里既有中原野战军、华东野战军联手杀敌的豪迈，又有“75·8”大洪水留下的伤痕与记忆。

历史不会重复，历史却有惊人的相似。历史不可忘记，因为忘记历史就意味着背叛！

• 伏羲画卦蔡水滨 •

在中华古代文明历史当中，许多人都知道人文始祖伏羲画卦的故事，却很少有人知道伏羲是在何处画卦，因何而去画卦的。那么，伏羲到底是在哪儿画的卦呢？答案只有一个：蔡水之滨。《太平寰宇记》载："伏羲于蔡水得龟，因画八卦之坛。"

伏羲，风姓，燧人氏之子。亦称牺皇、太昊，《史记索隐》中称伏牺。是三皇五帝当中三皇之一，生于成纪（今甘肃天水），所处时代约为旧石器时代中晚期。伏羲是古代传说中中华民族人文始祖，是龙的化身，是中国古籍中记载的最早的王。相传他人首蛇身，《拾遗记》说他初生时"长头修目，龟齿龙唇，眉有白毫，须垂委地。"《史记·补三皇本纪》说他"有龙瑞，以龙纪官……"。作为首领的伏羲从成纪出发，不远千里，率领部落沿黄河东下游牧，最终定都宛丘（今淮阳县），作为东夷太昊部落的一位著名首领。他对人类社会做出了重要贡献，《纲鉴易知录》说他有六大功绩："作网罟、正姓氏、定官职、制嫁娶、画八卦、造琴瑟"，历代公卿将相对其无不尊崇；士农工商对其莫不钦敬。传说伏羲称王一百一十一年以后去世。伏羲死后就葬在宛丘附近的古蔡水之滨。人们为了纪念他，在他长眠的地方修建了规模宏大的陵

上蔡伏羲庙

庙——太昊陵。

所谓的蔡水之滨的蔡水是流经上蔡的一条河流，古称蔡水，如今在上蔡境被称为黑河，《太平寰宇记》讲“伏羲于蔡水得龟，因画八卦之坛”，指的是伏羲在蔡水发现了白龟之后，看到白龟背上的纹理，恍然顿悟，由此创立了八卦图。

那么，伏羲到底是在哪儿画的卦呢？确切地说，是在蔡河北岸的上蔡县城东15公里的塔桥乡白龟庙村。

相传伏羲在定都宛丘之后，便开始巡视他的领地，当他来到一处岗河交汇之地，突见此处蓍草丛生，水中有罕见的白龟在浮游，即在此用蓍茎与白龟甲占卜人间祸福，测定天下吉凶，始创了肇启中华文明的先天八卦，结束了结绳记事的蒙昧历史。为此，他还将此地命名为蔡。上蔡也始称为蔡地。伏羲之所以把这里命名为蔡是和蓍草有密切关联的。在古代，蓍草早就被人认为是祭神之草，从“艹”从“祭”为“蔡”字，也就是说，在这里用蓍草占卜人间福祸，“蔡”字由此而出。后人为感念伏羲始创八卦，造福人民之功德，就在白庙村这个地方兴建了伏羲庙和画卦亭，别称白龟庙、白龟祠，八卦亭、蓍台，至今遗存犹在。

• 孔子厄于陈蔡 •

2500多年前，也就是周敬王二十八年至三十一年（前492—前489），被国人称为圣人的孔子在陈国和蔡国待了差不多三年的时光。这之后发生了一件大事，孔子被当地的执政者围困在陈蔡的边境线上十天之久，其中七天绝粮，孔子和其弟子差点命丧黄泉。这就是著名的孔子厄于陈蔡的故事。

孔子周游列国，宣传他的治国方略，在蔡国时，主政者蔡昭侯无德无才，一天到晚怕楚国攻打他，从来不想重用孔子。他的儿子蔡成侯更是一个昏庸之君，国中徭役繁重，民怨四起，他对孔子更不以礼相待。孔子在蔡国，除了收弟子讲学弹唱，政治上也没收获，反而受到排挤。失望之余，孔子就决定离开此地。恰在这时，吴国军队前去攻伐陈国，楚国出兵援救陈国，驻扎在城父（今襄城县西南）。听说贤德之士孔子在陈国、蔡国很失意，楚昭王派人聘请孔子。孔子准备前往拜见回礼，陈国、蔡国的大夫却嘀咕道："孔子是个贤人，他所讥刺抨击的都切中诸侯的弊病。如今他长久滞留在陈国、蔡国之间，众大夫所作所为都违反仲尼的心意。如今楚国是大国，派人前来聘请孔子，倘若孔子在楚国受到重用，我们这些在陈国、蔡国主事的大夫就危险了。"于是就共同调派役徒将孔子围困在野外。孔子没法行路，断绝粮食七天之久。随从的弟子疲惫不堪，饿得站不起来。但孔子仍讲习诵读，演奏歌唱，传授诗书礼乐毫不间断。孔子师徒重陷陈蔡兵马围困之中却无可奈何。最后还是弟子子贡冒着生命危险趁夜色掩护潜出包围圈，到楚国求援，孔子师徒方才解困，逃出一劫。

孔子脱困后，子贡亲自为他执缰绳赶车，并感慨地说："我们这些弟子跟随先生在此遭受如此厄难，真是难忘啊！"孔子却说："你们跟着我绝粮陈蔡，是周游列国遭遇的最困厄之事，也是幸运之事。我曾听说，一个国君不受困难的考验，不能成为一个明君；一个舍身为仁的志士，不经过困难磨炼，德行就不能得到显现。它由坏事变成了好事。"

周游列国十四年，是孔子师生思想上的成熟时期，"陈蔡绝粮"又是十四年中一重要节点，对这一事件，古人将它与"天地厄于晦月，日月厄于薄蚀，帝舜厄于历山，大禹厄于洪水，成汤厄于夏台，文王厄于羑里"相提并论。宋代文学家曾巩称此事是"圣人齐日月之明，不能违日月之道"。陈蔡之厄无疑为孔子生命中最重要的历程。而由此产生的成语典故"君子固穷""颜回墨食""弦歌不止"等更是流传至今，影响深远。

李愬雪夜袭蔡州

唐宪宗时，大唐王朝经过了安史之乱后，王朝已处在了风雨飘摇之中，当时边疆内地，藩镇四起。其中，从唐德宗建中四年（783）淮西节度使李希烈叛唐开始，"蔡州之不廷授，于今五十年，传三姓四将，其树本坚，兵利卒顽，不与他等"。也就是说，从李希烈到吴元济，这些叛唐之将占据蔡州已经50年了，事实上形成了国中之国。当时吴元济手握重兵，据地千里，对大唐威胁甚重。

为了平定淮西，唐宪宗下令讨伐叛贼。由于用兵不利，平淮之战虽连打几年，却收获甚微。最后，才在朝中重臣裴度统领下，由部将李愬在元和十二年（817）乘敌不备，采用掏心战术，以三千兵勇，借风雪一夜，突袭吴元济老巢，在蔡州活捉敌魁吴元济。此一战不仅结束了长达五年之久的平叛，结束了蔡州长达五十余年的割据局面，稳定了大唐基业，也让裴度、李愬一战成名，为万民仰望。这就是史称“李愬雪夜入蔡州”的由来。作为历史上著名的教科书般的战例，这段历史自然被载入史册。

那么，李愬又是怎么雪夜入蔡州活捉敌魁吴元济的呢？这还要从头说起。

李愬，字元直，洮州临潭（今甘肃临潭东）人，中唐名将李晟第八子，有谋略，善骑射。因家族背景任协律郎、卫尉少卿等职。

自元和九年（814）起，一向有志于削平藩镇的唐宪宗李纯便对淮西用兵，讨伐叛将吴元济。但却久战无功，直到两年后，时任太子詹事的李愬上疏自荐，愿血战淮西。宰相李逢吉也认为他的才能可以任用，朝廷便任命李愬为唐、随、邓节度使。

李愬抵达唐州（治所在今泌阳县）后，为了给战役的成功奠定基础，他果断采取措施：先是稳定住军心，同时又故意示弱，御军宽怠。在此前，淮西军因多次打败西路的唐军，早就骄横自负，听说西路唐军换了个统领不仅是位名不见经传之人，而且治军还如此不堪。遂掉以轻心，对新“李家军”不再严加防范。

在接下来的数月里，为动摇、瓦解淮西军的士气，争取淮西将士为己所用，李愬还采取了优待俘虏，大胆重用降将的政策。他在俘获淮西骁将丁士良后，不仅未加杀戮，反而署以官职。丁士良感激之余，献计擒获文城栅（在今遂平县西南）吴秀琳部谋主陈光洽，招降了吴秀琳部3000人。西路唐军因之士气高涨，连下多城，淮西将士降者络绎于道。李愬又问计于吴秀琳。吴以为欲攻取蔡州，非李祐不可。李愬便又设计生擒吴元济大将李祐，免其一死，并委任他为自己牙队的将领。李祐被李愬的真情所感动，尽心设法为袭取蔡州出谋划策。

最后，为扫除外围，孤立蔡州，建立奇袭基地，李愬先后出兵攻取蔡州以西和西北的文城栅、马鞍山、路口栅、嵖岈山、冶炉城和西平等据点，与北线郾城一带的唐军兵势相接，连成一气。他还遣将攻克蔡州以南和西南的诸地，切断了蔡州与申、光二州的联系。然后将主力进驻距蔡州仅65公里的文城。

到了九月底，李祐见时机已经成熟，向李愬进言，淮西精兵都在洄曲和边境，守卫蔡州的全是老兵弱将，可以乘虚直捣其城，出其不意，一举擒获吴元济。李愬采纳了李祐的建议，并在十月初十那天，利用漫天飞雪天寒地冻、敌军容易放松警戒之时果断下达命令。命史旻留镇文城，命李祐等率训练有素的敢死队3000人为前锋，自己与监军率3000人为中军，命田进诚率3000人殿后。此刻，军队的行动十分秘密，除个别将领外，全军上下均不知行军的目的地和部队的任务。李愬只下令说向东。东行30公里后，唐军在夜间抵达张柴村，乘守军不备，全歼包括负责烽燧报警士卒在内的守军。待全军稍事休整和进食后，李愬留500人守城栅，防备朗山方向之敌，另以500人切断通往洄曲和其他方向的桥梁，下令全军立即开拔。诸将问军队开往何处，李愬这才宣布说，入蔡州直取吴元济。诸将闻听皆大惊失色。

此时的蔡州夜深天寒，风雪大作，旌旗为之破裂，人马冻死者相望于道。张柴村以东的道路，唐军无人认识，人人都以为必死无疑，但都因畏惧李愬，无人敢违反命令。

夜半，雪愈下愈大，唐军强行军35公里，终于抵近蔡州城。

近城处有鹅鸭池，李愬令士卒击鹅鸭以掩盖行军声。自从吴少诚抗拒朝命，唐军已有三十余年未到蔡州城下，所以蔡

汝南鹅鸭池

州人根本没有戒备。四更时，李家军到达蔡州城下，守城者仍未发觉。李祐、李忠义在城墙上掘土为坎，身先士卒，登上外城城头，杀死熟睡中的守门士卒，只留下巡夜者，让他们照常击柝报更，以免惊动敌人。随后李祐等打开城门，率军直扑内城。

鸡鸣时分，雪渐止，李愬进至吴元济外宅。这时，吴宅护卫才觉察情形有异，急告吴元济：官军来了。吴元济高卧未起，笑着回答："这是俘囚作乱，天亮后当杀尽这些家伙。"接着，又有人报告说，城已陷。吴元济仍漫不经心地说："这一定是洄曲守军的子弟向我索求寒衣。"起床后，吴元济听到唐军在传令，响应者近万人，才意识到大事不妙，率左右登牙城抗拒。此时田进诚攻打外城，他先砸烂了牙城的外门，占据了兵器库，取出器械，再烧毁卫城的南门。看到官军来打吴元济，老百姓抢着背柴草来支援李愬的军队。到了申时，城门砸坏了。吴元济看着已无力抵抗只好举手投降，请求治罪，田进诚用梯子引他下来。最终吴元济被用囚车送到京都——长安，朝廷受降后被处斩。

随着淮西平定，各藩镇都处于失败的恐惧之中。继申、光二州及诸镇兵2万余人相继来降，朝廷收复沧、景（治今河北景县东北）二州。幽州（今北京）镇刘总上表请归顺。成德镇亦上表求自新，献德、棣（治今山东惠民县东南）二州。朝廷又挟平定淮西之声威，讨平淄青李师道，收复淄（治今山东淄博南）、青（今山东青州）等十二州。藩镇割据的局面因之暂告结束，唐朝恢复了统一。从此，李愬雪夜袭蔡州名垂青史。

• 金帝国命亡汝水 •

怒发冲冠，凭栏处，潇潇雨歇。抬望眼，仰天长啸，壮怀激烈……靖康耻，犹未雪，臣子恨，何时灭……

——岳飞《满江红》

在中国孩子中，凡是念过中学的人，都会记得这首词。作为南宋抗金史上著名的战将和诗人，岳飞的名字几乎与日月同辉。面对国破家亡，收复失地，还我山河，成了他平生的最大愿望。然而，却很少有人知道他所憎恨的那个盛极一时、统治大半个中国的大金帝国，它的灭亡地就在汝南。

金天兴二年（1233），风雨飘摇的金政权在汴京保卫战中，虽然取得了一时的胜利，保住了城池，但一场突如其来的流行性疾病，五十天内，使城内死亡几十万人。城内弹尽粮绝，最终弃城。

最后，在当年的六月十八日，金哀宗只好带着残部，从归德（今商丘）出发，走了八天，于二十六日来到蔡州（治所在今汝南），并定都于此。但他没想到，他的这个决定，加速了金朝的灭亡，一场惨烈的战争随之逼近眼前。

哀宗逃到蔡州后，本想据险以守，并伺机西逃川蜀。但是，让金哀宗防不胜防的是，与蔡州一河（淮河）之隔的南宋早已和蒙古达成了协议——联合攻灭金朝，金亡后，黄河以南归宋，黄河以北归蒙。哀宗得到消息后，马上派使臣去宋廷议和，说："蒙古灭国四十，以及西夏，夏亡及于我，我亡必及于宋。唇亡齿寒，自然之理。若与我联合，所以为我也是为宋。"却遭宋朝拒绝，议和失败。

一场惨烈的大战在瑟瑟秋风中打响。

哀宗进驻蔡州之前，在蒙宋联军的围追堵截下，已是兵残粮尽。因此，蒙宋联军此次采取的是包围政策。开始，哀宗放城内老弱出城，给饥民以船，到城外采水草野菜充饥。到被包围三个月后，城中粒粮尽无。哀宗杀上厩马五十匹、官马一百五十匹，赏给将士食用。最后，竟到了"鞍、靴、战鼓皆糜煮，且听以老弱互食，诸军日以人畜骨和芹泥食之。又往往斩败军全队，构其肉以食"的局面。而战事更为惨烈，城内所有人员包括妇女全部参加战斗，甚至为了加强火力，"驱其老稚熬为油，号称'人油炮'"，从城楼上浇灌攻城的士兵。但所有这一切都挽回不了失败的结局。

天兴三年正月初九，蒙军在城西凿通五门，整军入城。金军统领完颜仲德督军巷战。直到傍晚，蒙兵暂退。哀宗见蔡州不守，掩面而泣说："我为金紫十年，太子十年，人主十年，自知无大过恶，死而无恨。只恨祖宗传国百年，至我而绝。"又说，"自古以来，没有不亡之国，亡国之君往往被人囚禁成为俘虏，或在阶庭受辱，我必不至于此。"当夜，他召集百官，将帝位传给负责守城防御的元帅完颜承麟。他对完颜承麟说："我身体笨重，不便逃脱。你身体轻捷，又有将略，万一得脱，使大金国祚不至断绝，我死也瞑目

金哀宗行宫旧址——汝南后龙亭

了。”次日晨，完颜承麟受诏即皇位，正在接受百官朝贺，城南已树起宋军的旗帜。诸将急忙出来作战，但于事无补。哀宗看到此情此景，先用剑杀死了妃嫔和公主，然后来到皇宫的幽兰轩内，对身边的侍从说：“我死后，用火烧掉我的尸体。”说罢，便吊死在幽兰轩里。军政统领完颜仲德此时正带领残余人马与蒙宋联军巷战，听到哀宗死音，对部下说：“我主已死，我还怎么作战，我不能死于乱兵之手，准备投汝河殉国，诸将士各自为计吧。”说罢，投水自杀。金将一看，都说宰相能死，我们就不能吗？于是，五百多名将士一齐投河自杀。新君完颜承麟听到了这个消息后，便与群臣抱头痛哭说：“先帝在位十年，勤俭经营，宽仁待人，恢复帝业之鸿鹄之志未能实现，实在可悲，今我欲随之而去。”言罢，正准备拔剑自刎，蒙宋军士已逼至身边，混战中被乱军所杀。

至此，统治大半个中国一百二十年的大金帝国在天中汝水之畔，结束了它最后的统治，随着斗转星移，随着滔滔汝水，淹没在历史的长河之中。

• 确山农民暴动 •

1927年4月4日，确山农民在中国共产党领导下，为迎接北伐战争的胜利进军举行了武装起义。

1926年10月，在中共河南省委的直接领导下，成立了中共驻马店（确山县辖）特别支部，张家铎任书记，负责领导农民运动。后来确山县籍共青团员马尚德（后化名杨靖宇）等，受中共党组织的派遣回到家乡，在特别支部的领导下从事农民运动。到1927年初，确山农民协会会员发展到万余人。在组织和发展农民的同时，争取了确山县东北乡红枪会（农村中具有浓厚迷信色彩的武装自卫组织）头人、自耕农张广汉和南乡的红枪会一部。这两支红枪会构成了共产党领导的确山农民武装的基本力量。在此基础上，还积极争取了其他乡的红枪会组织走上革命道路。这样，全县农民武装基本上被中共党组织所掌握，大部分农村被农民武装所控制。

1927年3月，北伐军即将进入河南，中共驻马店特别支部经与红枪会头人协商，决定在4月4日举行武装示威。是日，各乡武装农民近3万人，在张家铎、张耀昶、马尚德的指挥下，集合在东关操场举行示威。张家铎任大会总指挥，向县政府提出惩办卫程曲、楚本固、何鸣一、田斐卿四大劣绅；取消苛捐杂税；反对拉夫派差等条件。县长王少渠当时为蒙混过关，口头上接受了农民军所提条件，随即关闭城门纠集部分武装企图顽抗，并放走了四大劣绅。

被激怒的农民军由示威转向起义，占领火车站、截断城内外的电讯联系，把整个确山城团团围住，并不断用“九节雷”、土炮向城内轰击。到第3天，邻近各县的农民军也赶来支援，围城农民军增加到4万人，长短枪200多支，土炮20余门。城内守军在农民军的攻势下招架不住，企图用谈判作为缓兵之计，以待援兵，被农民军识破。8日，农民军从西门发动火攻，部分守军趁天黑之际弃城而逃，农民军攻入城内，歼灭守军200余人，活捉县长王少渠，镇压了一个土豪劣绅，抄了四大劣绅的家，打开监狱解救了无辜的贫苦群众。不久，起义领导者从武装农民中挑选一批骨干编为农民自卫军，共200余人，分两个大队，由张耀昶负责领导，留城内维持秩序。其余红枪会成员和农民军各回本乡。此时，北伐军进驻柳林镇，中共确山党组织派代表迎接。武汉国民政府特派员于树德（中共党员）代表政府赠给农民军“革命先锋”锦旗一面。24日，于树德主持召开确山农民代表大会，选举产生了由7人组成的临时治安委员会，接管县政权。

1927年7月15日，武汉国民政府反共后，为保存力量，起义领导机关率农民自卫军骨干力量撤离县城，在农村领导群众继续进行斗争。

确山农民暴动的胜利和工农政权的建立是确山党组织的一大创举，在河南农民革命运动史上树立了一面光辉的旗帜，并在国内外引起了反响。英国《泰晤士报》惊呼：“中国河南出现了苏维埃。”确山县临时治安委员会成为中国第一个由工农当家做主的县级革命政权。

• 祝王寨—金刚寺战役 •

1947年，中国人民解放军发起强大的战略攻势，围绕刘邓大军挺进大别山，国共双方展开了一系列战略角逐。祝王寨—金刚寺战役就是其中的著名战例。

1947年10月中旬到11月初，陈赓、谢富治兵团在开辟豫陕鄂根据地的同时，准备攻打洛阳，国民党第五兵团整编陆军第三师被调到洛阳附近，以应洛阳之需。不久，陈谢兵团改变作战计划，决定先解决洛阳周边的县城。解放军二十旅沿伏牛山东麓南撤，国民党第五兵团司令李铁军亲自率领整三师尾追其后，想把二十旅一口吞掉。二十旅将计就计，牵着整三师这头“肥牛”先到宛西，后又到平汉铁路线上的明港地区。两个月的急行军，把整三师拖得疲惫不堪。与此同时，人民解放军一夜之间解放了西平和漯河，并把敌军8000人包围在郾城。

12月19日，国民党陆军总部郑州指挥部急电李铁军，命其率领整三师和二十师星夜兼程沿平汉路北上，以解郾城之围。李铁军奉命行动，于21日抵达驻马店，稍事休息，于22日凌晨3时向遂平进发。当晚，整三师和第五兵团部全部进驻遂平，其先头部队继续北进。23日晨，整三师和第五兵团部进入西、遂两县交界地区，而国民党第二十师还远在信阳，要赶上整三师还需3～4天。此时，华东野战军和陈谢兵团对平汉铁路和陇海铁路的破击任务均已胜利完成，唯有调动大别山之敌的目的尚未达到。为了直接有效地配合刘邓部队作战，陈谢兵团决心与华东野战军协同作战，围歼整三师和国民党第五兵团部。

12月22日，陈谢兵团二十六旅七十七团将敌人阻挡在西平二十里铺以南地区。敌人因正面进攻受阻，以一个团的兵力向陈谢兵团焦店阵地连续进攻，也被击退。这时，陈赓指挥所属部队主力迅速向西平谭店一线集结，准备在敌人抢渡洪河时对敌人发起攻击。华东野战军第三纵队也由司令员何以祥率领从漯河向南急进。李铁军发现形势对他们极端不利，开始向东南方向溃退，24日晚聚集于西平、遂平之间的祝王寨、金刚寺地区。

祝王寨、金刚寺是位于平汉铁路两侧，相距五六华里的两个较大集镇。四周有寨墙和寨门，敌兵团部与整三师师部驻祝王寨，整三师第三旅驻祝王寨外围；敌二十旅据守金刚寺。25日拂晓，陈谢兵团第十旅进至祝王寨西面的蔡寨地区。第十三旅及二十二旅进至祝王寨以南及东南地区。第二十六旅进至祝王寨西北地区，第十一旅坚守遂平堵敌退路，防止敌人南逃北援。华野三纵队七、八、九三个师进至金刚寺以北地区，对敌构成严密包围。陈谢兵团主力负责围歼以祝王寨为中心的敌人，华野三纵队和陈谢兵团第十三旅负责围歼以金刚寺为中心的敌人。

12月25日19时，进攻金刚寺外围据点的战斗打响了，华野第三纵队第七师首先攻占了毛寨、白庄两个村庄，继又向南猛攻，一举歼灭了王楼、前李庄之敌。九师兵分两路，一路攻击姚庄守敌，另一路向东南猛插，经胡坡迂回至金刚寺背后。陈谢兵团十三旅连续攻占金刚寺以南的韩庄、沈庄、大王庄、后李庄和金刚寺以东的王湾，配合华野三纵队截断了敌人的通路，切断了国民党二十旅与整三师师部的联系。

华野三纵队第八师担任主攻，从武海直捣金刚寺，接连肃清董庄、刘庄等外围据点。二十二团、二十四团分别向东门、北门猛突，各自占据有利地形，将敌二十旅团团包围在金刚寺寨内。

26日凌晨2时总攻开始，七师、八师山炮连和纵队炮兵团的野炮连，集中火力轰击金刚寺，摧毁了敌人西门的工事，打乱了敌人的指挥；二十四团由战斗英雄“郭继胜连”担任突破任务，将金刚寺寨北门炸开了七八米长的缺口，全团突入寨内开展纵深战斗。二十二团九连主攻东门，五连在东北角佯攻，将东门炸开一个缺口，突入寨内，迅速在金刚寺寨内穿插分割敌人。经4小时激战，金刚寺守敌国民党整三师二十旅全部被歼，从寨西南隅向西突围的200多名敌人也被华野三纵队七师、八师和陈谢兵团十三旅全部俘获。

12月25日19时，陈谢兵团向祝王寨外围的整三师第三旅发动进攻。第十旅首先围歼祝王寨东南于海、小刘庄、双庙、分金庙等村的敌人，全歼整三师第三旅第七团和旅直属两个营。经一夜激战，清除了罗庄、魏庄、小王庄等敌人据点。至26日晨，除枣子营外，祝王寨外围各村的敌人都被消灭。

26日18时，陈谢兵团对祝王寨之敌即将发起总攻时，枣子营守敌第三旅主力第八团由团长陈德壁率领向陈谢兵团二十六旅投降，这时祝王寨守敌只剩十九团和兵团部、整三师师部，寨内敌人一片混乱。19时，祝王寨的敌人慌忙夺路向西、南两个方向逃窜。陈谢兵团第二十六旅立即发起冲击。一举突入祝王寨内，将残敌迅速肃清。攻坚战变成了捕捉逃敌的捕捉战。陈谢兵团第十旅当即全力出动捕捉，追截逃敌。第二十八团、第二十九团和第三十团两个营经袁庄向西截击，战斗到20时，除李铁军率少数残敌逃跑外，其余敌人全部被歼。

祝王寨—金刚寺一战歼灭了国民党第五兵团团部和整三师正规军两个旅。击毙敌军两个旅长，生俘第五兵团参谋长及以下官兵8000多人，缴获各种枪炮子弹、电台等大批军用物资。国民党第五兵团参谋长李英才被俘后说：“我们被贵军牵着鼻子走了一个大圈子，肥牛拖成了瘦牛，最后被杀掉。”

在这次战役中，遂平、西平人民组织了1500多人、900多辆大车，帮助解放军运弹药、运粮食、抬担架，为解放军带路、报信，有力地支援了前线。

祝王寨—金刚寺战役是扭转中原战局的关键一战。当时西平流传一首红色歌谣：1947年，来到黄河南；攻陷开封市，来至郾城县；漯河到西平，东西用不完。祝王寨打一仗，李铁军完了蛋。

祝王寨—金刚寺战役的胜利，打乱了国民党在中原的防御体系，迫使敌人从围攻大别山的主力中抽调了十三个旅回头驰援，减轻了敌军对根据地的压力，有效地配合刘邓大军在大别山的反围攻战争，中原战局从此进入了一个新阶段。

• 嵖岈山人民公社成立 •

中华人民共和国成立之初，当时，全国广大农民分得了土地，也获得了政治上的翻身和生活上的安定。农民们真心拥护中国共产党、人民政府和毛泽东主席，同时也特别希望加快改变经济文化落后的状况，早日过上美好的共产主义生活。1958年春天，河南省遂平县西嵖岈山脚下的一万多名翻身农民，积极响应上级的号召，掀起了新中国成立后第一个全面治山治水的群众运动高潮。但是在劳动中他们发现，由于当时的27个农业社劳动力分散、物质基础薄弱，还常常因边界问题纠纷不断，致使声势浩大的治山治水工程进展相当缓慢。因此，渐渐地，大家开始有了将小的农业社合为“大社”的想法与呼声。

这个想法及呼声，得到了时任河南省信阳专区（当时遂平县归信阳专区管辖）领导的肯定。认为这个设想符合不久前毛主席提出的可以一乡一社，也可以一区一社建立农业合作社的指示精神。于是，中共遂平县委召开会议，研究“大社”的组织机构和人事安排，决定将嵖岈山脚下的4个中心乡的27个高级社，9369户43263人，合并成立一个“大社”——嵖岈山大社。

1958年4月20日傍晚，从四面八方涌来的一万多名农民，聚集在杨店街一个干涸的大坑里，嵖岈山大社正式成立。

随之，一个描述“大社”美好前景的顺口溜也在嵖岈山区迅速流传开来：“住的是楼上楼下，用的是电灯电话，使的是洋犁洋耙，洗脸盆子（高音喇叭）会说话，苏联有啥咱有啥。”有干部还直截了当地给群众说：“到时过的是共产主义生活。天天喝羊肉汤、吃白面馍，顿顿包扁食（饺子）。”只是，这种美好的愿望持续没多久，便被严峻的现实摧毁。

嵖岈山大社成立不久，又借鉴苏联的集体农庄名称，改名为“嵖岈山卫星集体农庄”。又过了3个月，最终改名为“嵖岈山卫星人民公社”。

细品这个名字，的确很有内涵，它既有地域特色，又融入了巴黎公社、苏联卫星上天及公社属于人民的含义。因此，这个名字一经问世，便被闻讯而至的新乡县七里营的带头人史来贺借鉴，将七里营改名为“七里营人民公社”。1958年8月6日下午，毛泽东在视察新乡七里营时，当他看到门口挂着的“新乡县七里营人民公社”的牌子时，点头称赞道：“人民公社这个名字好。”

毛泽东视察七里营人民公社的消息见报后，全国人民都知道了“还是办人民公社好”。1958年9月，由毛泽东修改、批示的《嵖岈山卫星人民公社简章》在《红旗》杂志上全文刊发。10月，中共中央发布了《关于在全国农村建立人民公社问题的决议》。于是，嵖岈山卫星人民公社成为全国人民公社化运动的样板。全国各地轰轰烈烈地掀起了人民公社化的高潮。河南省更是雷厉风行，不到一个月，全省农村便全部实现了人民公社化。随之，“共产主义是天堂，人民公社是桥梁”的形象说法便成了全国亿万人民的口头禅。

1958年11月13日，毛泽东再次到河南视察，并特地安排了去嵖岈山卫星人民公社实地考察。但由于当时下大雨，道路不通，毛泽东便在自己的专列上接见了嵖岈山卫星人民公社的代表。他说：“巴黎公社是世界上第一个人民公社，遂平的卫星人民公社是第二个人民公社。”对嵖岈山成立人民公社再次给予了高度评价。

从1958年盛极一时到1982年黯然退出历史的舞台，嵖岈山卫星人民公社经历了从辉煌到幻灭的过程，也给后人带来难以忘却的教训和启示：历史既无情又有情，

遂平嵖岈山人民公社旧址

就在嵖岈山人民公社宣布退出历史舞台之后，2006年，嵖岈山人民公社旧址被国务院公布为第六批全国重点文物保护单位，成为那段历史的见证者。

“75 · 8”特大洪水

1975年8月，特大暴雨引发的淮河上游大洪水，使驻马店地区包括两座大型水库在内的数十座水库漫顶垮坝，成为震惊世界的水库垮坝惨剧。史称“75 · 8”大洪水！

1975年8月上旬，3号台风在中国东南沿海登陆后，变成台风低气压，深入河南境内，在驻马店地区上空徘徊引发特大暴雨。附近地区石漫滩、田岗水库垮坝，澧河决口，流域内洪峰齐压驻马店全区，老王坡蓄洪区相继决口。1975年8月8日1时驻马店地区板桥水库漫溢垮坝，6亿多立方米洪水，5丈多高的洪峰咆哮而下，同期竹沟中型水库垮坝，薄山水库漫溢，以及58座小型水库在短短数小时间相继垮坝溃决。造成河南省有29个县市1100万人受灾，伤亡惨重，1700万亩农田被淹，其中1100万亩农田受到毁灭性的灾害，倒塌房屋596万间，冲走耕畜30.23万头，猪72万头，纵贯中国南北的京广线被冲毁102公里，中断行车18天，影响运输48天，直接经济损失近百亿元，超过23万人死亡。

据资料记载，从8月4日至8月8日，暴雨中心最大过程降雨量达1631毫米。暴雨的降水强度，在暴雨中心位于板桥水库的林庄，最大6小时降雨量为830毫米，超过了当时世界最高纪录。

目击者称：暴雨到来的数日内，白天如同黑夜；雨水像从消防水龙中射出；从屋内端出脸盆，眨眼间水满；暴雨如矢，雨后山间遍地死雀。

8月5日晨，板桥水库水位开始上涨，到8日1时涨至最高水位117.94米，大坝在主河槽段溃决，6亿立方米库水骤然倾下，如山崩地裂，声震数十里。溃坝洪水进入河道后，又以平均每秒6米的速度冲向下游，在大坝至京广铁路直线距离45公里之间形成一股水头高5～9米、水流宽12～15公里的洪流。在板桥水库下游，由于正值深夜，洪峰所到之处，墙倒屋塌，数万人在睡梦中被吞噬，一座座村庄瞬间荡然无存；200多户人家的沙河店被夷为

板桥水库七五八垮坝旧址

平地，诸市镇化为乌有，遂平县城洪水没顶。千年古树连根拔起，京广铁路被拧成“麻花”；60吨的油罐车被冲到40公里外的宿鸭湖；黎明时分，当河干流水面上，人畜尸体随波逐流；8日8时，洪水渐落，树上、房顶上、高土堆上挤满人群，许多男女被洪水冲得赤身裸体，人们来不及哭泣，顾不上“男女有别”，设法救助水中的难友，寻找身边的亲人……沙河两岸10公里宽、40公里长的泥沼里到处裸露着膨胀的尸体，惨不忍睹。

而此时，驻马店地区的主要河流全部溃堤漫溢，形成全区东西300公里、南北150公里的汪洋。200多万幸存下来的灾民泡在水里，到处都是等待救援的人。饥饿、缺水严重威胁着灾民的生命。更可怕的是，因洪灾而引发的疾病在灾民中迅速蔓延，据不完全统计，几天之内病人已超过113万。

情势万分紧急，时间一分一秒也不能耽搁。整个驻马店地区的机关、工厂、学校都被动员起来，形成50万救灾大军。各机关单位成立了抗洪抢险队，人们主动捐献出大量的衣物。没有受到洪水侵袭的地方，家家户户都升起了烙饼和蒸馍的炊烟。一批批的工人、干部和学生奔赴抗洪抢险第一线。被救起的灾民，被卡车和拖拉机运送到了中共驻马店地委、地区革命委员会所在地——驻马店镇。各机关、工厂、学校腾出会议室、教室和空房子，在地上铺上草垫、席子，地委会议室也成了灾民临时安置所。各大小医院齐上阵，控制传染源，全力救治感染疾病的灾民。

驻地距灾区最近的解放军某军某师部队的近万名官兵也立即奉令赶到灾区抗洪抢险。

8月9日，武汉军区的大批救援部队也昼夜兼程陆续抵达灾区。

8月12日，以中共中央政治局委员、国务院副总理纪登奎为团长的中央慰问团抵达驻马店灾区。慰问团在视察后认为，为了解救还困在水中的百万灾民，必须尽快排除洪汝河上的阻水工程。14日上午10时，武汉军区指战员对最大的阻水工程施行爆破。巨响声中，分洪口门由此打开。洪水最终退了下去。而灾区的生活、生产逐步得到恢复。

【知识链接】

板桥水库复建纪念碑碑文

板桥水库原建于一九五二年，是中华人民共和国兴建的第一批大型水库之一。一九五六年经扩建加固，一九七五年八月八日毁于特大洪水。三日进库水量6.97亿立方米，洪水流量1.30万立方米每秒，均超过原设计值的一倍左右，溃坝瞬时流量高达7.81万立方米每秒。时值十年动乱，救护不力，卷走数以万计人民的生命财产，为祸惨烈。一九八七年元月复建，历五载建成。除水害、兴水利，必须对人民负责，确保安全。树此以志不忘。

水利部淮河水利委员会 立
河南省水利厅

名人扫描

——星光璀璨照长河

自古天中多才俊，文韬武略照汗青。

历史上从天中出发，为天下谋利的天中先贤层出不穷、数不胜数，就像午夜星空，直抵天际。比如《神灭论》的作者范缜、《盐铁论》的作者桓宽，月旦评名震天下的许氏兄弟，《搜神记》的作者干宝，还有一屋不扫何以扫天下的东汉重臣陈蕃。这里既有心学鼻祖、上蔡先生谢良佐，又有杀贼无数的抗倭名将卢镗。当然，这里还有秦相李斯，汉相翟方进，唐相袁滋，还有民族英雄杨靖宁……

那就让我们探索先辈们的足迹，再一次回望历史！

• 千古一相李斯 •

李斯

李斯（？—前208），字通古。秦代著名的政治家、文学家和书法家。战国末年楚国上蔡（今上蔡西南）人，出身于闾巷布衣，聪明好学，勤于思考，青年时期做过郡的小吏。

公务之暇，李斯常牵着大黄狗出上蔡东门逐狡兔。不甘平庸的李斯跟随荀子学习帝王之术，学成以后西入秦国做事。最初为吕不韦舍人，后又被任命负责保卫宫廷，得见秦王政，于是写了《论统一书》，劝说秦王成就帝王大业，实现“天下一统”，秦王欣然接受，任命他为长史，后又拜为客卿。

秦王政十年（前237），秦王听信谗言，下令驱逐六国客卿。李斯在被逐途中写了著名的《谏逐客书》，力劝秦王为成就统一大业，要不讲国别、不分地域广集人才，为秦王政所采纳。不久，李斯官拜廷尉，派遣谋士持金玉游说关东六国，离间各国君臣，辅助秦王政消灭了韩、赵、燕、魏、楚、齐六国，于公元前221年统一天下，建立了中国历史上第一个封建的中央集权制国家，秦王政为“始皇帝”，李斯为丞相，后人尊称“千古一相”。在辅佐秦始皇巩固政权、维护国家统一的过程中，李斯建议废除分封制，实行郡县制，以消除诸侯分裂割据的隐忧。秦始皇采纳了李斯的建议把全国分为三十六郡，郡以下为县、乡。这一制度被长期沿用。

东门黄犬

针对过去诸侯国语言文字差异很大的现状，李斯提出统一文字的主张和实施方案，以秦国文字为基础，废除异体字，以小篆为标准文字，推行全国。在此基础上，李斯把统一事业推广到法律、货币、度量衡和车轨等方面，从而奠定了中华民族大一统的格局，为中华文明的延续和发展做出了不可估量的贡献。

为了进一步加强中央集权统治，李斯辅助秦始皇实行严刑峻法、“焚书坑儒”，大量焚毁《诗》《书》《礼》等百家著述，禁止私学，企望天下定于一尊。但事与愿违，反而激化了社会矛盾，加速了秦王朝的灭亡。

在文学方面，李斯所著《谏逐客书》文辞瑰丽、鞭辟入里，有很强的说服力和感染力，是一篇具有重要思想价值的历史文献，也是一篇脍炙人口的优秀文章，对汉赋的兴起有重大影响。鲁迅说：“秦之文章，李斯一人而已。”李斯把自撰的小篆体《仓颉篇》作为推行标准文字的范本，对汉字的规范化起了很大作用，是汉字发展史上的一大进步。鲁迅称赞李斯在文字方面“有殊勋”。秦始皇四方出巡，刻石勒碑，其铭文均出自李斯之手，例如峄山刻石、泰山封禅刻石、琅邪刻石、东观刻石、碣石刻石、会稽刻石等，被后人尊为“传国之伟宝，百世之法式”，对汉晋石刻具有很大影响。中国历史博物馆今藏有李斯书琅邪刻石。山东泰山岱庙存有李斯篆书秦二世诏书刻石残片。这是中国已发现的最早的文字刻石。

公元前210年，秦始皇死后，李斯为保全自己的既得利益，附和赵高伪造遗诏，立少子胡亥为帝。赵高篡权后又施展阴谋，诬告李斯长子李由与陈胜有书信来往，妄加“通盗”的罪名，于公元前208年将李斯拘捕下狱，具五刑，腰斩于咸阳，夷三族。

“秦丞相李斯之墓”位于今上蔡蔡国故城西南部，李斯楼东南角。唐代诗人胡曾、宋代诗人刘敞等凭吊李斯墓，都曾留下诗章，对李斯的一生给予评说，颇耐人寻味。

《盐铁论》作者桓宽

桓宽（约前89—前35），字次公，西汉汝南（治今上蔡西南）人，汉宣帝时官至庐江太守丞，以《盐铁论》著称于世。他主要活动在西汉昭帝、宣帝和元帝时期。桓宽博览百家著述，以研究《春秋》著称，其对于《春秋公羊传》的训释和

桓宽

评点为后世所推崇。《汉书》称桓宽"博通，善属文"。

汉昭帝即位初期，统治集团内部在盐铁官营、均输、酒榷等国家财政政策方面出现了分歧，以桑弘羊为首的一派主张"深酷用法"，鼓吹君权至上、盐铁官营，崇申（不害）、商（鞅）之术，尚功利，重刑法，薄德治；以霍光为代表的一派崇尚王道，倡导施政宽人、民贵君轻、省刑薄赋、清政安民，反对虐政酷刑、骄奢淫逸，穷兵黩武，主张废除盐铁官营。汉昭帝始元五年（前82），朝廷下令所有内阁衙门各举荐贤良二人，向他们布置了察民情、问疾苦的调研任务。次年，各地六十多贤良、文学会聚长安，与丞相车千秋、御史大夫桑弘羊及其僚属就盐铁官营以及政治、经济、军事、民生等多方面的问题展开辩论。这就是著名的盐铁会议。盐铁会议对与会各方人士平等看待，鼓励各抒己见，不抓辫子，不扣帽子，不打棍子，也不搞秋后算账，是中国古代中央政府实行民主议政的一个生动范例。

宣帝时期（前73—前49），桓宽以其敏锐的目光看到了"盐铁会议"这个题材的独特价值，酝酿了自己的创作计划。他利用自己身在官场的便利，着手收集盐铁会议的辩论材料，对当年与会者或听取过当时辩论的儒生进行了广泛深入的采访，依据查阅、采访所获，进行了精心的加工增广、推衍润色，撰成《盐铁论》凡10卷60篇。《盐铁论》成书于汉宣帝时，一经问世就受到广泛重视和高度评价，抄本随即流行。

《盐铁论》作为一部中国传统经典著作，在中国文化史上具有多方面的贡献：它为后世提供了西汉时代一个历史的横剖面，内容涉及政治、经济、军事、文化等各个方面，为研究当时的社会矛盾、思想斗争和桑弘羊的思想保存了珍贵的史料。《盐铁论》是一部用对话形式编辑而成的散文体政论专著，语言简洁，行文活泼，疏密有致，标志着西汉时期散文创作的新发展。

通明丞相翟方进

翟方进（约前59—前7），字子威，西汉汝南上蔡人，幼年丧母，十二三岁时丧父，与继母相依为命。年纪稍大时经人介绍到太守府做杂役，又被顶头上司认为生性愚钝、办事不力，经常受到辱骂。翟方进为此十分苦闷。

有一次，他遇见一位叫蔡父的有学问的人，请教他将来应该干些什么。蔡父观翟方进相貌不凡，说道：你有封侯之相，今后若能用心经术，必有大成。蔡父的一番话让翟方进大喜过望。回家后，翟方进把蔡父的劝告和自己打算进京学习的想法说与继母。继母是个非常善良的妇人，视翟方进为己出，决定和儿子一同赴京。母子俩来到京师，翟方进入学读书，继母则以织布纳鞋补贴家用。多年苦读，翟方进成了京城有名的经学老师，二十三岁时被任用为议郎。

当时京城有一位研究经书的清河老儒胡常，因名声比不上翟方进而心存妒忌，常在背地里对翟方进恶意中伤。翟方进知道后，并不反唇相讥，反而在胡常讲经授课时，让自己的弟子去听课，认真记录，

翟方进

虚心求教。如是者久之，胡常幡然悔悟，常常情不自禁地称颂翟方进。胡、翟二人成了好朋友。

从汉成帝和平初年到永始二年（前28—前15）这十多年间，翟方进官运亨通，从议郎升到博士、朔方刺史，后迁升丞相司直。在刺史任上，翟方进以精通经术、谙熟刑律、恭谨勤政、仗义执言名博朝野。翟方进发现，司隶校尉涓勋平时对一般官员态度傲慢，行不拘礼，但有一回路遇外戚、成都侯王商（当朝皇帝的舅舅），立刻下车肃立，等到对方走远才上车赶路，显得格外谦恭。于是，翟方进上

奏皇上，说涓勋不遵礼仪，诎节失度，邪谄无常，有辱大体，不堪重用，请皇上免去涓勋的职务。朝廷照准。翟方进遂有威名。不久，皇上下令在长陵营建皇家陵园，让贵戚近臣操办。这些人的子弟以权谋私，从中取利。翟方进部署手下人立案审查，反复验问，追缴赃款数千万。皇帝大悦，任用翟方进为京兆尹。在京兆尹任上，他搏击豪强，大胆办案，名震京城。

三年后，翟方进被提拔为御史大夫。但刚上任不久，有人举报他在当京兆尹期间为当朝太皇太后发丧烦扰百姓，翟方进因此被降职使用，任执金吾。当朝丞相薛宣也因此事和广汉盗贼群起被革职查处，贬为庶人。这本来是翟方进政治命运的一次大挫败，但不过二十天，他竟然因祸得福。薛宣被贬后，丞相缺位，朝廷召集群臣议论谁能出任丞相之职，有多人举荐翟方进。翟方进顺利当上了丞相，并被封为高陵侯，食邑千户。

翟方进牢记继母的养育之恩，当上丞相后的头一件事就是将自家的府邸重新装修一遍，让老母亲在舒适的环境中颐养天年。他每天对母亲的饮食起居亲自打理，不敢稍有怠慢，直到老母亲无疾而终。

绥和二年（前7）仲春，从天象上说，恰逢火星和心星相遇，这在当时被认为是灾祸将至的征兆。朝中有位郎官贲丽，是位占卜星象的能手，他上奏成帝，说天象告变，国运有厄，如果不移祸大臣，则国家危难。成帝一听，非常惊慌，思来想去，决定把这场灾祸移到一人之下、万人之上的丞相翟方进身上。于是立刻传翟方进入朝，当面斥责他为相有年，却不能调理阴阳，致使天象变异。是夜，翟方进辗转难眠，自忖难逃一死。果然，第二天一大早，成帝便差人给翟方进送去尊酒十石、养牛一头。按照汉朝的惯例，皇帝赐予大臣牛和酒，就是赐死的意思。翟方进明知皇上的用意，却无计可施，只好饮鸩而亡。

得到翟方进死去的消息后，成帝这才宽下心来，连忙发布消息说，翟方进是因病暴死，下令厚加抚恤，让少府全权负责丧事的操办，连宫中的柱栏都裹上白布，并赐翟方进“恭侯”的谥号。长子翟宣继承爵位。

翟方进博学多识，通晓法律，善于用人，以儒学正道修正法律，号称“通明相”。

• 耿直强毅郅君章 •

郅恽

郅君章名恽，君章是他的字，两汉之际汝南西平人。郅恽十二岁时母亲去世，居丧守孝期间超越一般礼节。成年后，钻研《韩诗》《严氏春秋》，精通天文历法。

当时王莽当政，天下寇贼群发，民不聊生。一次，郅恽和朋友一起夜观天象后，感叹着对朋友说：我看好了天象，失去的刘氏天下即将恢复，汉必再受命，福归有德。此后不久，胸怀大志的郅恽干脆直接来到了长安，并冒着杀头的危险直接上书王莽，劝其退位。这一番劝奏，是郅恽出山以来做过的第一件惊天动地的大事。结果可想而知，本就因为自己江山不稳而发愁的王莽，看了奏折勃然大怒，当即把这个不知天高地厚的小子收入监牢，定为死罪。但后来想想，又觉得这郅恽所引用的都是古代的治国名言，杀了他怕引起天下人议论，于是王莽又命近臣威胁劝诱郅恽，让他自己承认得了狂病，精神恍惚，因而才胡言乱语。郅恽一听，立刻嗔怒斥责：“我所说的都是上天的旨意，非狂病之人能编造出，岂能改口！”就这样，因言招祸，郅恽被王莽关进监狱整整一个冬天。幸运的是，王莽为了自己实施的新政能让天下接受，不久大赦天下，郅恽这才被释放。出狱后，他怕王莽说不定什么时候再算旧账，便与同乡好友郑敬逃到苍梧（治所在今广西梧州市）躲了起来。

之后，王莽败亡，刘秀继起，建立东汉。建武三年（27），郅恽来到庐江，恰遇积弩将军傅俊巡视此地。傅久闻郅恽的大名，

郅恽拒关

以礼请之，拜为将兵长史，授以军政。郅恽上任的当天，就当着兵将们的面宣布，从今以后，士兵在作战时不能抢掠百姓，不能脱俘虏的衣物，不准奸淫妇女。当看到傅俊的部下有违令的行为后，郅恽上书傅俊："过去文王不忍曝露死去兵将的白骨，武王也不因天下易一人之命，所以能有克敌制胜的军队。将军为何不师法文王？部队在作战时屡次违反军规，伤人害物，甚至虐及枯尸，得罪神明，将军今如不谢天改政，郅恽就只好辞职。希望将军能亲自率领士兵，收伤葬死，以告百姓，原来的行为并不是您傅将军的原意。"傅俊听后，立即听从了郅恽的劝说，下令军士严格按军规行事。如此一来，当地百姓非常高兴，军队所至，百姓拥护，打起仗来所向披靡。

建武七年，傅俊在外打了几年仗后，班师还京，然后，准备将部将人等一一论功行赏。但郅恽却耻于以军功取位，一再请求，最后辞归乡里，结束了他第一次为官的经历。

随后不久，由于他的名望，郅恽被官府举为孝廉，成了京城上东城门候，又一次步入仕途。

有一次，光武帝外出狩猎，其车马及随从队伍深夜返回，郅恽因而拒绝打开城门。光武帝派随从人员通过门缝与郅恽交涉。郅恽以"火光遥远"为由拒绝光武帝入城。光武帝只得绕道从东中门进城。第二天，郅恽上书劝谏道："从前文王不敢田猎游乐，因为时刻担忧百姓。可是陛下却前往遥远的山林游猎，夜以继日，将如何对国家和祖宗交待？《诗经》告诫人们切勿徒手打虎，切勿涉水过河。这也的确是小臣所担心的。"此书上奏之后，光武帝赐给郅恽上百匹布，并将东中门候贬为参封县尉。这就是有名的典故"郅恽拒关"。后来光武帝令郅恽教授太子《韩诗》，在宫中侍奉讲学。

建武十七年，光武帝废黜郭皇后，郅恽于是对光武帝说："我听说夫妇关系融洽与否这类事，做儿子的不该管，更何况做臣子的呢？这就是为何我不敢过问。尽管如此，我还是希望陛下衡量事情的轻重，不要让天下的人横加议论。"光武帝说："郅恽善于用自己的心去推想主上的心思，他知道我一定不会有失偏颇而忽略国家大事。"郭皇后被废黜以后，太子感到不安。郅恽劝说太子道："长久地处在疑惑之中，向上对父母则违背孝道，向下对自己则接近危险了。从前殷朝高宗（指武丁）作为圣明君主，周朝尹吉甫作为贤臣，都曾经因为后妻而杀害或流放自己的孝子。《春秋》所载的要义说，母亲因为儿子而变得尊贵。太子您应该与左右随从及其他皇子戴罪隐退，奉养母亲，以此表明遵循圣贤的教诲，不背叛自己的生母。”太子听从了他的建议。在郅恽的调停下，郭皇后和太子虽然被废黜，但都得到了很好的归宿，避免了皇室内部的争斗。

后郅恽又任长沙太守，在当地兴农商、兴教育，深受当地百姓爱戴。可惜的是，后因一件事情牵连而免官。从此，他在异地从事教学和著书，最终病逝他乡。其子名叫郅寿，官至尚书仆射。

郅恽刚直不阿，无论是做人做官，都令人佩服。史书赞曰：“郅恽讥莽窃位，收系诏狱而不易其辞。光武猎还，拒关极谏，真强毅耿直之臣哉！郭后母子虽被废黜，俱获令终。恽处帝后父子之间，维护调停，用心良苦。”

• 志扫天下陈仲举 •

陈仲举名陈蕃（？—168），仲举是其字，汝南平舆人。祖父曾任河东太守。陈蕃少时胸怀大志，轻薄俗务，经常独处一室，埋首读书。十四岁那年，其父好友、同郡薛勤来访，看见陈蕃庭院荒草芜杂，室内一派凌乱，便问道：“孩子，怎不把庭室打扫一下？”陈蕃正色答道：“大丈夫在世，当扫除天下，岂能以私家庭室为念？”薛勤一听，知道陈蕃有清世之志，暗暗称奇，但又觉得他看待事物未免偏颇，便回应道：“一屋不扫，何以扫天下？”这句善意的劝勉让陈蕃受到震动，他从此更加勉力修身，德操闻于四方。

一屋不扫，何以扫天下

陈蕃

按照汉朝“举孝廉”的官吏选拔制度，经太尉李固举荐，朝廷征拜陈蕃为议郎，再迁为豫章太守。当地有一位隐士，名徐孺子，满腹经纶，闻名遐迩，朝廷屡次征召他，皆以官场腐败，不肯出仕，而在民间设帐讲学。陈蕃到任后，亲自登门拜访徐孺子，请他到府衙任功曹，徐孺子坚辞不就。但他敬重陈蕃为人，经常造访太守府。陈蕃就为徐孺子特备一榻，徐孺子来访，就把榻放下来，两人秉烛夜谈；徐孺子走了，再挂起来。《滕王阁序》中“人杰地灵，徐孺下陈蕃之榻”说的就是这个典故。

陈蕃治地有一个名叫赵宣的人，父母双亡，他埋葬父母而不封闭墓道，一直住在其中，服丧长达二十余年，以“大孝子”名闻乡里，州、郡长官为附庸风雅，纷纷备礼去看望他。陈蕃上任之后，经乡里人推荐，特意造访赵宣，问及他的家庭情况，得知他的五个孩子皆是服丧期间所生。陈蕃勃然大怒，斥责道：“执礼不应光看形式，你寝宿墓道，竟与妻子交合其中，诳时惑众，诬污鬼神。其罪实不可恕！”遂将其治罪。乡人称快。

陈蕃在乐安（治所在今山东邹平市东北）任太守时，威震天下的大将军梁冀曾给陈蕃写信，为一个人说情。作为一般的地方官员，能攀上像梁冀这样的豪门，实乃梦寐以求之事。但陈蕃却不以为然，对梁冀的信使拒而不见。信使向门吏行贿，以求通融，但门吏深知陈蕃禀性，不敢收受，更不敢通禀。使者便假冒大将军名义求得陈蕃的接见，陈蕃为之震怒，当下令衙役将其杖杀。陈蕃因此被降为修武县令。幸运的是，没过多久，汉顺帝再次起用陈蕃，拜为尚书。

延熹六年（163），桓帝准备到广成去打猎，升迁为大鸿胪的陈蕃上疏予以谏止：臣听说皇上准备去打猎，按照先皇的祖制，打猎应该趁仲秋时节。到西郊皇家林苑去打，既可习武强身，又可杀禽助祭，以敦孝敬。不可违背祖制，肆纵而为。况且眼下国家正在困难时期，田野空、朝廷空、仓库空，是谓“三空”之厄。加上兵戈失修，四夷离心，陛下应该心急火燎、夜不成寐才是，岂能扬旗耀武、骑马寻乐呢？另外，由于前一阵子雨水多，种麦子的好季节已经错过了，现在百姓们正忙于抢种麦子。如果因为您要出去打猎而让他们放下手中的农活，沿途清除路障、担任警戒，这不是一位体恤百姓的圣君所应该做的。陈蕃这一番洋洋洒洒的批评，一针见血，而且是直接对着皇帝来的。有趣的是，桓帝未予理睬，竟然也没有治他的罪。

延熹八年，陈蕃担任太尉，与李膺等反对宦官专权，为太学生所敬重，被称为“不畏强御陈仲举”。灵帝即位后，陈蕃为太傅，与大将军窦武谋划诛除宦官，事情泄露，率官属及太学生八十余人冲入宫门。兵败入狱被害，年七十余。

今平舆县城有陈蕃墓、陈蕃公园。

•月旦清议两弟兄•

东汉时期，面对国运颓败、民不聊生的局面，民间兴起了一股评议时事、臧否人物的风气。而开创这一清议先河的两位代表人物是汝南郡（治所在今平舆县）贤士许劭和他的堂兄许靖。他们或议时政，或评乡党，褒善抑恶，激浊扬清，名噪一时。由于他们通常在每月的第一天“更其品题”，久而久之，这项活动就被人们称作“月旦评”。

许劭

许劭（150—195），字子将。汝南平舆人。少有重名，善于识人，后依扬州刺史刘繇，孙策平吴时，与刘繇南奔豫章（今属江西）而卒。

许靖（149—222），字文休。许劭堂兄，年轻时与堂弟共创“月旦评”一同成名。后来担任三国蜀汉重臣，位列“三公”，世有清誉。

在汉代，科举制度未兴，朝廷通过“举孝廉”的形式选拔人才。因此，一个人的声望如何，对于试图进入官场的人至关重要。当时有为数不少的人士因许劭兄弟的题评而显明于世。所以，世人皆称他们为“拔士者”。为了博取声望，一些世家望族便竭力向许劭、许靖套近乎。但此二人在坐议乡党人物时，扬不避丑，贬不避亲，决不泄挟私情。他们利用自己的名字，竭力向朝廷举荐贤良有为之才。其中，由许劭推荐的“六贤”最为著名。他们是：樊子昭、虞承贤、李淑才、郭子瑜、杨孝祖、和洽。这六位大多是出身微贱之人。樊子昭是个卖头巾的，虞承贤为牧监（牧牛赶车），李淑才是农夫，郭子瑜为送信的邮差。这些人经许劭举荐为官之后，皆能以才德治理乡郡，赢得百姓称赞。其中，六贤之一的和洽在曹魏时官至太常，受封西陵乡侯。

许劭有一门族亲，祖孙三代都高居三公之位，显赫至极。其中孙子辈的许相因谄媚宦官，不仅做了三公大官，还封了侯爵。许相意欲博得许劭的好评，多次派人邀请许劭前去做客，许劭因为鄙视他的为人，始终没有去见他。

许劭曾受汝南郡太守徐璆之聘，在汝南郡做了一段时间的功曹。郡中的官吏一听说许劭做了本郡的官吏，一个个都对自己的行为加以检点。同郡人袁绍出身豪门世家，平素奢侈豪华，在辞去濮阳县令回家时，带了很多的车辆、仆从，将到汝南郡界，袁绍自忖：“我穿着这么华丽的衣服，坐着这么豪华的车子，是不能让许子将见到的，何况还有这么多的随从呢？”于是便将其仆从全部遣散，便衣单车返乡。许劭在当时的名气和影响之大于此可见一斑。

曹操年轻时，常飞鹰走狗，游荡无度，名声不佳。梁国的桥玄看出曹操是非常之人，对曹操说：“先生现在名气不大，何不结交许子将？若能得其评议，必可显名。”曹操于是备了厚礼，求见许劭，请许劭对其加以品评。

许劭一向看不起曹操的为人，故不置一词，曹操无可奈何。此后，曹操多次会见许劭，求许劭好歹给个说法。许劭不胜其扰，只好实话实说道：“君乃治世之能臣，乱世之奸雄。”曹操眉头一皱，继而放声大笑。这个评语一语中的，成为千古高论，自今为世人称道。

可惜的是，“月旦评”活动因汉末“党锢事件”的发生而被朝廷明令禁止。今平舆县城有“月旦桥”，为人景仰。

而许靖的命运也是充满坎坷。“月旦评”清议之风被禁止后，徐璆聘许劭为郡功曹，主管选举。许劭举荐多人，但因与许靖政见不和，却始终对许靖不予理睬，生活陷入困顿的许靖只能靠套马磨面艰难度日。直到颍川人刘翊继徐璆出任汝南郡太守，许靖才谋到一个郡中参议的小职务。不久，因才德出众，被举为孝

许靖

廉。入朝后任尚书郎，主选举。中平六年（189），董卓窃国摄政，许靖与他人预谋合诛董卓，因事泄，许靖闻风逃出京城，免遭一死。他先是在豫州刺史孔伷处避难，不久，又逃奔扬州刺史陈祎、吴郡都尉许贡、会稽太守王朗等处，靠着朋友的接济，生活这才慢慢平稳下来。

然而好景不长，兴平元年，袁术兴兵，会稽失守，许靖只好随王朗逃往他乡，其间不知经历多少磨难，两年后才到达南海郡的番禺。在这里，他得知过去的故友同事曹操已手握大权，遂决定不避风险，北上许昌。然而，事与愿违。为了回到中原，许靖竭尽全力，最终还是留在了益州。开始，许靖在益州牧刘璋手下任巴郡太守和广汉郡太守、蜀郡太守，在任期间，他以“德素规矩，老而不堕”享誉益州。

建安十九年（214），刘备攻打益州，许靖说服刘璋，出城投降。在归顺之初，刘备并不想重用许靖，只把他看作宾友。此事立即引起诸葛亮、法正等大臣的重视。法正当即进谏，说明许靖声名夙伟，播扬四海，天下谓之英伟，应当对其敬重，才能眩惑远近，笼络人心。诸葛亮也力劝刘备：“许靖人望不可失也，借其名以竦动守内。”刘备这才重用许靖，授他为左将军长史，兼镇军将军。

建安二十四年七月，刘备自封为汉中王，封诸葛亮为丞相，主军政。许靖为太傅、司徒，主法律民事。许靖在辅政期间，积极实行法制，抑豪强，任贤士，广屯粮，利耕战，使一向民贫国虚的川蜀大地呈现出勃勃生机。

在蜀国立国的几十年中，许靖是朝中最年迈的大臣之一。他为政清廉，惜才如金，因而博得朝中上下一致好评和尊敬。

章武二年（222），享年七十四岁的许靖终老任上。他死后，蜀国大臣杨戏在《汉季辅臣赞》中评价许靖：“司徒清风，是咨是臧，织爱人伦，孔者铿锵。”

鬼之董狐干宝

干宝

干宝（？—336），字令升，新蔡人，中国文学史上志怪小说的开山鼻祖。干宝自幼聪明好学，及长博览群书，文武皆通。西晋永嘉元年（307）初仕，晋为盐官州（治今浙江海宁市盐官镇）别驾。次年，北方大乱，干宝的父、母先后在离乱中死去。

东晋建武元年（317），司马睿称晋王，史称晋元帝，立都建康（今江苏南京）。干宝因家贫求补山阴（治今浙江绍兴）令，旋升始安（今广西桂林）太守。这一时期，干宝注《周易》《周官》数十篇，又著《春秋左氏义外传》等书。中书监王导建议皇上任命干宝为佐著书郎，被采纳。干宝写就《晋纪》，对西晋从宣帝到愍帝总计五十余年的历史，做了简练而客观的叙述，《晋书》评价“其书简略，直而能婉，咸称良史”。

三王墓的故事

相传，干宝创作《搜神记》的直接动因与自己经历的两件事情有关。第一件是他父亲病亡下葬时，其母令一名婢女陪葬。当时，年幼的干宝尚不省事。十几年后，干宝的母亲去世，家人将母亲的遗体夫妻合葬时，却发现这个婢女伏在父亲棺材旁，如活人一般。家人惊诧不已，便将此人带回家中。此人几天后苏醒过来，诉其父亲常取饮食予之，恩情如生。该女后出嫁，且又生子。第二件事是他的哥哥干庆因病气绝，人死了，尸体却一直不凉。家人留置未葬，过了些天，干庆竟然苏醒了，说是看见了许多天地间的鬼神事，就像做梦一样。这两件事触发了干宝创作《搜神记》的激情。干宝所言或许只是当时的一种宣传手段，未可全信。但有一点是无疑的，即在魏晋南北朝时期，宗教迷信之风盛行，很多人相信神鬼和人一样存在于天地间。

干宝创作《搜神记》大约始于东晋建武元年，成书则是二十年以后的事情。书成之后，干宝曾将此书送给当时的丹阳尹刘惔。刘惔所说的董狐是春秋时晋国的一个有名的史官，“鬼之董狐”即鬼的好史官。据《晋书》记载，初版的《搜神记》有30卷。传至宋代已有部分散失。现在我们能看到的《搜神记》是明代人胡元瑞从《法苑珠林》等文献中辑补而成的，共20篇。

值得一提的是，干宝虽然没有在故乡生活过，但对故乡却情有独钟。《搜神记》中的许多篇目取材于家乡的民间故事，如《董永与织女》写的是汝南董仲；《臧仲英家怪物》写的是汝南方士许季山；《任乔女婴》写的是汝南郡新蔡县官吏任乔和他的妻子胡氏；《应妪见神光》写的是“建安七子”之一应玚的七世祖母；《陈仲举相命》写的汝南郡平舆县东汉太傅陈蕃，而他书中关于“裙化蝶”的情节则与家乡梁祝化蝶的故事互为表里，影响深远。

• 道教祖师许逊 •

许逊（239—374），字敬之，晋代著名道士、净明道派尊奉的祖师，汝南（今属河南）人，出生于豫章郡南昌县。后世称他为许真君、神功妙济真君、忠孝神仙、感天大帝等。作为汉族民间信仰的神仙之一，受历代朝廷嘉许和百姓爱戴。

据记载，许逊少小赋性聪颖，博通经史、天文、地理、医学、阴阳五行学说，尤其爱好道家修炼法术。二十岁举为孝廉，屡荐不就。二十九岁拜豫章人吴猛学道。受传三清法要，尽得秘传。之后，他

许逊

三十六岁时又与文学家郭璞结伴遍访名山胜地，最后选择南昌西郊的逍遥山隐居，

只求修炼，不愿做官，平日以孝、悌、忠、信教化乡里，深为乡人尊敬。直至西晋太康元年（280）四十二岁时，因朝廷屡加礼命，难于推辞，才前往荆州就任旌阳县令。

许逊到了旌阳（今湖北省枝江市北），去贪鄙，减刑罚，倡仁孝，近贤远奸，实行了许多利国济民措施。有一年，旌阳大水为患，低洼之田颗粒无收，许逊让大批农民到官府田里耕种，以工代税，使灾民获得解救。当时瘟疫流行，许逊便用自己学得的药方救治，药到病除，人民感激涕零，敬如父母。那时旌阳传唱一首民谣："人无盗窃，吏无奸欺，我君活人，病无能为。"盛赞许逊的功德。邻县民众纷纷前来归附，旌阳人户大增。许逊在旌阳十年，居官清廉，政绩卓著，被人们亲切称为"许旌阳"。太熙元年（290），鉴于晋室将有大乱，料知国事不可为，许逊挂冠东归。启程时，送者蔽野；有的为他建生祠、画神像，终年祭祀；有的千里跟随来到西山，聚族而居，与许逊为伴，都改姓许，人称"许家营"。

许逊东归后，时值彭蠡湖（今鄱阳湖）水灾连年，他率郡民疏治，足迹踏遍湖区各地。他不仅为豫章治水，还到湖南、湖北、福建等地消除水患，赢得人民的广泛尊崇，被编成神话故事广为流传。东晋元帝大兴四年（321），许逊隐居南昌南郊梅仙祠旧址，创办道院，名太极观，额曰"净明真境"，立净明道派。其宗旨为"净明忠孝"。传说许逊活到一百三十六岁，于东晋宁康二年（374）八月初一（一说是八月十五）合家四十二口一齐飞天成仙，世人尊奉他为"许仙"。后人在他居住地西山建起许仙祠，在南昌铁柱宫建旌阳祠，并受历代王朝赐匾表彰，宋王安石还专门为此撰写《许旌阳祠记》。

相传许逊著有《灵剑子》等道教经典，但已失传。不过世间还留有他的格言：

存心不善，风水无益；
父母不孝，奉神无益；
兄弟不和，交友无益；
行止不端，读书无益；
心高气傲，博学无益；
作事乖张，聪明无益；
不惜元气，服药无益；
时运不通，妄求无益；
妄取人财，布施无益；

一人得道
鸡犬升天

淫恶肆欲，阴骘无益。

进一步想，有此而少彼，补东而缺西，时刻忧愁；

退一步想，良田万顷，一日止食米一升；大厦千间，一夜止眠地八尺。

一升八尺，受用不久，多何用乎？

计较为自身，死后何曾到手中？

计较为儿孙，儿孙自有儿孙福。

…… ……

“斗蛟斩龙”“点石为金”“一人得道，鸡犬升天”的成语典故就出自许逊的传说事迹。

• 无神论者范缜 •

范缜（约450—约510），字子真，南朝齐梁时南乡舞阴（今泌阳西北）人。他的祖上世代为官。范缜童年时，他父亲就去世了，从此家道中落，母子二人相依为命，粗食度日，在艰苦的环境中，范缜从小就养成了俭朴勤劳、坚强不屈的性格。

范缜

范缜十八岁时，闻沛国刘瓛聚众讲学，便辞别母亲徒步到八九百里远的沛国相县（治今安徽省淮北市相山区）求学。当时在刘瓛门下读书的学生，大部分是有钱有势的贵族子弟，吃山珍海味、穿绫罗绸缎、行乘车坐轿。而范缜却安于粗茶淡饭、布衣草履，每次回家都是徒步往返。他这种俭朴的作风、求知的态度，深得刘瓛的器重。

范缜从相县回到故乡舞阴后，很想对当时的黑暗政治做一番革新，却得不到进身的机会。二十五岁那年，他曾以“布衣贫贱之人”的名义，上书刘宋王朝掌权大臣、尚书仆射王景文，结果石沉大海，杳无音信。

刘宋王朝灭亡后，萧道成建立了南

齐。由于刘瓛的推荐，范缜被委任宁蛮主簿，后来累次升迁，直至尚书殿中郎。永明中，南齐与魏和亲，齐武帝派范缜以“才学之士”出使北魏，他出色地完成了外交任务，因此在邻国有了名气。

当时，南齐的宰相、竟陵王萧子良是个佛教徒，常常召集名士僧侣，喝酒谈天，大讲佛学。范缜当时很有名望，所以也常常出席萧子良的聚会。每遇到萧子良等人大讲佛法的时候，范缜总是侃侃而谈，大讲无神论，令萧子良十分恼火。在一次宴席上，萧子良质问范缜：“你不信佛教的因果报应，那为什么有的人生下来就富贵，有的人生下来就贫贱呢？”范缜说：“这没有什么奇怪。打个比方说：人生好像树上的花瓣，风一吹来，到处飘落，有的落到宴席上，有的落到粪坑泥潭里，殿下您就像落在宴席上的花瓣，下官我就像落在粪坑泥潭中的花瓣，富贵贫贱就是这么一回事，有什么因果报应呢？”范缜的答辩令名士高僧们无言答对。

正是这些激烈的辩论，促成了无神论著作《神灭论》的诞生。这篇论文一经问世，朝野喧哗，全国轰动。萧子良看硬的不行，就以高官厚禄为诱饵，劝说范缜放弃无神论，遭到范缜的断然拒绝。恼羞成怒的当权者先将范缜贬到宜都（今属湖北）做太守，又以“触犯国教”的罪名，把他贬到广州。

梁武帝天监三年（504），佛教被定为国教，梁武帝曾三次舍身到寺院当和尚，让臣下出高价把他赎回来，用这种方法来抬高佛教在群众中的威望。最多的一次耗钱上亿。皇帝尚且如此，士大夫自不必说。全国各地大兴土木，兴建寺院。这些佛教寺院都拥有大量的土地，逐渐形成了特殊的僧侣阶层。梁武帝时，都城建康有佛寺500余所、僧尼10万多人。晚唐诗人杜牧的诗句“南朝四百八十寺，多少楼台烟雨中”便是当时的真实写照。范缜在极端孤立的情况下，仍坚持对有神论的斗争。

天监六年，萧氏朝廷对范缜进行了一次大围攻，召集王公显贵64人，一哄而上，写了75篇论文来攻击范缜的《神灭论》。范缜面对皇帝和王公大臣的围攻，正义凛然地进行了答辩，并赢得了广泛的同情，就连笃信佛教的曹思文也不得不承认自己“情思愚浅”，“无折其锋锐”。

约公元510年，一代思想家范缜死在任上。

南朝诗人范云

范云

范云（451—503），字彦龙，伟大的无神论者范缜的堂弟。齐初竟陵王府主簿。梁武帝时迁散骑常侍、吏部尚书，封霄城县侯，后官至尚书右仆射。

范云的父亲范抗在郢府（今湖北武汉附近）任府长流。范云小的时候，曾跟他的亲戚袁照学习，学起来竟昼夜不怠。袁照看范云精神秀朗而勤于学，认定他长大一定是卿相之才。不久，范云结识了和父亲同在郢府任记室参军的沈约。两人一见如故，成为一生的忘年之交，并且都成为天下闻名的诗人。

南朝齐建元元年（479），竟陵王萧子良带着自己的门下范云去见齐高帝，恰逢有人捕到一只白乌献给高帝。高帝问大臣捕到白乌是何瑞兆。大臣们各有各的说法，都未让高帝满意。范云位卑，最后一个回答："臣闻王者敬宗庙，则白乌至。"当时高帝刚刚拜谒了祖庙回来，听范云之言大悦，说："爱卿所言是对的。正是因为我谒了祖庙，上天才能有这种感应。"从此，范云官运亨通，青云直上。范云助梁武帝登位后任吏部尚书。有一次武帝宴请群臣，对他的弟弟临川王萧宏、鄱阳王萧恢说："我与范尚书因为公务繁忙，很少亲近。范先生才高德重，深为四海人士敬重。今我为天下主，从今对他免君臣之礼，你们就代我呼范先生为兄吧。"二王当即下席向范云拜，称为兄长。宴席结束后，武帝又和范云同车返回尚书下省。虽然范云官居要职，备受皇帝恩宠，但他一生为政清廉，"家无蓄积"，受到时人的称赞。

范云之所以能被后人记起、激赏，更

多的是由于他在诗歌领域的建树。

南北朝时，与范云生活在同一时代、名气也和范云差不多的文人，有江淹、沈约、任昉、丘迟等。文坛有“沈诗任笔范五言”之称，这里的沈指沈约，以诗著称；任指任昉，以擅写表、奏、书诸体散文知名；范就是指范云，以擅写五言诗著称。

明许学夷《诗源辨体》卷九第二条说：“范云五言，在齐梁间声气独存，永明以后，梁武取调，范云取气。”清人方玉润称其诗“绝世文情，千古常新”。而梁时钟嵘在他的《诗品》当中，更是对范云的诗推崇备至，说其诗“清便婉转，如流风回雪”，可见范云在诗坛的崇高地位。

范云生前著有文集、诗集共三十卷，可惜后来散失殆尽，仅在《先秦汉魏晋南北朝诗》当中辑得四十二首。

书法宰相袁滋

在唐朝中叶，有一位被时人称为书法宰相的官员，这个人便是袁滋。

袁滋（749—818），字德深，蔡州郎山（今确山）人。以荐引入仕，初授试校书郎，后官至宰相，终于湖南观察使任上。《旧唐书》称袁滋“工篆籀书，雅有大法”。

袁滋弱岁强学，终日苦读，希望成人后能做一番大事业，幸运的是他的姐夫元结帮助了他。元结，今河南洛阳人。当时元结在道州任刺史，是当时非常有名的官吏与诗人。所以袁滋也非常喜欢和这个姐夫交往。而元结每每看到他这个内弟读书时都能把十分玄奥的内容解释得清清楚楚，心中也充满敬意。此时的袁滋客居荆、郢之间，担任学庐讲授。没多久，元结的朋友、黜陟使赵赞把他作为处士予以推荐，授试校书郎。何士幹镇守武昌时，征召他为从事，后因工作上聪明精干被推举为詹事府司直。他部属里有一个邑长，被一个小吏诬陷盗窃银子，袁滋查明了他的冤情，最终把他解救了出来。御史中丞韦缙听说后，十分欣赏袁滋的人品与能力，遂推荐他做了侍御史，后转任工部员外郎。

唐贞元十年，南诏国王异牟寻大破吐

蕃，派使臣来长安献捷，并请求朝廷派使臣去。朝廷下令前往抚慰晓谕，欲挑选可以胜任使臣的官员，结果朝中诸臣都以西南地区遥远而害怕出使。唯独袁滋不辞荒远，愿前往之。德宗非常高兴，即让他以本官兼御史中丞之职，持节充任前往南诏的使臣。还没有出发，又迁任祠部郎中，依旧为使臣。

第二年夏天袁滋出使归来，提升为谏议大夫；不久授官尚书右丞，主管吏部的铨选事宜；求外放，出任华州刺史，兼御史中丞、潼关防御使、镇国军使。这期间，袁滋为政宽简清廉，从外地来到他辖境的百姓，他都给地方让他们居住，并把那聚居的地方起名为义合里。他专以慈惠为行事根本，人们很爱戴他。后征召授官金吾卫大将军，他离任赴京时，年老寿高的人及鳏夫寡妇拦住道路挽留他，使他不能前行。杨於陵接任其职，大声对百姓说："於陵我不敢改变袁公的政令。"人们这才围绕着袁滋下拜与他告别。

宪宗开始代为处理国政时，袁滋被任命为宰相，授官中书侍郎、平章事。适逢韦皋辞世，刘辟聚集军队擅发号令而不受节制，袁滋持节前往安抚。走到半路，授官检校吏部尚书、平章事、剑南西川节度使。叛军气焰嚣张，袁滋惧怕而不敢前进，被贬为吉州刺史。不久，被授义成军节度使，百姓们为他立了生祠为他祈祷。后征召授官户部尚书，连任荆州、襄州两地主将。后改任彰义军节度使，随、唐、邓、申、光等州观察使。叛军首领吴元济与官军对垒了好几年，袁滋终因长久无功被贬为抚州刺史。不久，转任湖南观察使直至去世。享年七十岁，追赠太子少保。

袁滋是著名书法家，尤工于篆书、籀文，很有古人法度，被时人称为宰相书法家。清代著名金石家、收藏家叶昌炽《语石》称："唐代篆书，世推李阳冰……同时袁滋、瞿令问，鼎足而三。"

遗憾的是，袁滋的书法作品存世极少，迄今仅存两件摩崖石刻。一件是袁滋题记摩崖石刻。位于云南省盐津县西南的豆沙关，隋唐时称为石门关。当时，御史中丞袁滋奉命赴滇，册封异牟寻为南诏国王。袁滋途经石门关时，为纪其行，特摩崖题记。摩崖石刻长0.44米，宽0.36米，自左至右，全文直书八行，每行3～21字，左七行字为楷书，末行"袁滋题"三字为篆书。按摩崖史实纪载，学者称为"民族友好的标志"。石刻是唐王朝与南诏改善关系，重新和好的重要标记，是研究南诏历史的重要实物资料。末尾篆书三字是书法珍品。1988年，袁滋题记摩崖石刻被国务院公布为全国重点文物保护单位。

第二件摩崖石刻更加珍贵，那就是浯溪摩崖石刻。唐相袁滋书写的《唐庼铭》摩崖石刻，位于湖南省永州市祁阳县浯溪镇（县城）西南部湘江大桥南端的浯溪公园内。唐大历二年（767）二月，二次获任道州刺史的元结从潭州都督府返道州，舟经祁阳阻水，泊舟登岸暂寓。爱此处幽胜，遂将一条“北汇于湘”的无名小溪命名“浯溪”，意在“旌吾独有”，撰《浯溪铭》，浯溪得名从此始。元结又将“浯溪东北廿余丈”的“怪石”命名“峿台”，撰《峿台铭》；还在溪口“高六十余尺”的异石上筑一厅堂，命名“唐庼”，撰《唐庼铭》。返任后，元结将三铭交篆书名家季康、瞿令问、袁滋分别用玉箸篆、悬针篆、钟鼎篆书写，并刻于浯溪崖壁上。这三块碑都有很高的艺术价值。特别是唐相袁滋书写的《唐庼铭》碑，被国家文物局列为一级石刻，是当之无愧的国之瑰宝。

一门三凤俩状元

孙何、孙仅、孙侑兄弟三个，北宋蔡州汝阳（今汝南）人。后因三兄弟皆进士及第且有两兄弟中了状元。所以孙氏兄弟被称为“一门三凤俩状元”。

孙何

孙何（961—1004），字汉公，宋淳化三年（992）状元。始任将作监丞，继通判陕州。累迁秘书丞、右司谏、权户部判官、两浙转运使。景德元年（1004），孙何奉旨回京判太常礼院，又嘉升为知制诰，赐金腰带、紫蟒袍。执掌三班院。孙何因操劳过度，身染疾病，英年早逝，年仅四十四岁。

孙何十岁识音韵，十五岁撰写文章

能引经据典，一生笃学嗜古，为文必本经义。尤以文学、经史驰名。与当时著名学者丁谓齐名，历史上合称“孙丁”。相传孙何、丁谓同时参加科举考试，孙何中头名状元，而丁谓榜列第四。丁谓颇有点不服气。宋太宗幽默地说：“甲乙丙丁嘛，既然姓丁，中第四名也不冤枉，有什么好怨的！”孙何还是中国历史上为数很少的“连中三元”的才子，所谓“连中三元”，即乡试考中第一名解元，会试考中第一名会元，殿试考中第一名状元。

孙何很有真知灼见，他的一些治国安邦建议很受皇帝赏识。咸平元年（998），孙何向宋真宗献“任人唯贤”的《五议》，即皇帝应选派有胆略的文职大臣执掌兵权；世家子弟应送入太学接受教育，贫穷家庭的优秀书生应由州、县推荐任用；禁止花钱买官禄；恢复考试录用制度；推行乡饮的宾仪制度，尊重读书人；按才能任命官员，不应凭恩典照顾提拔升级。真宗对此深表赞同。

咸平二年，孙何再次上奏，改革人事制度，裁汰冗余官员；调整国家职能部门，把三司所辖的部门和机构归还给户部，逐步恢复六部，各司其职。这些建议被真宗采纳。同年冬，孙何随同真宗巡视大名府（京都东北的门户，今河南、河北的交通要塞）。途中，真宗向孙何咨询边防局势和对策。孙何列举当时军队、政府腐败，将帅无能，守关统帅贪生怕死，边将守城轻敌等一系列弊病。真宗十分嘉许，并根据孙何建议，将守关边将傅潜以抗敌畏缩不前和贻误军机的罪名给予惩处，流放房州。

孙何不仅为官被人称道，同时又是著名学者。著有《驳史通》《西桓集》及《孙何文编》。有《读杜子美集》等存世。

孙仅（969—1017），字邻几，孙何的大弟。北宋大臣。孙仅少时勤奋好学，在荆门东山书院攻读时，与其兄孙何闻名一时，宋真宗咸平元年（998）中进士，点为甲科状元。兄弟先后中状元，震动天下。

孙仅起家舒州团练推官。举贤良方正之士，策入第四等。擢光禄寺丞，直集贤院，不久知浚仪县。累迁右谏议大夫、集贤院学士、权知开封府，改左谏议大夫，出知河中府。后进给事中，景德元年（1004），北宋与辽国媾和结盟，互派和平友好使者，宋朝首先派孙仅为“国母生辰使”，前往辽国为萧太后祝寿并最终让北宋与辽国媾和结盟。

孙仅待人接物采取中立态度，遇事容忍，不与人争论，谦厚温和，受到朝廷以及朝野人士推崇。孙仅对儒学造诣颇深，他的著作被辑录为《孙仅文集》五十卷；另辑有《甘棠诗集》流传。其《骊山诗》上下篇是出任陕西转运使时所作，被宋代文学大师欧阳修收入《归田录》，其中有“秦帝墓成陈胜起，明皇宫就禄山来”的佳句，暗喻宋真宗等封建王朝不顺应时代潮流，劳民伤财大造宫室陵墓，会导致叛乱。

孙仅四十九岁卒于任上，只比其兄孙何多活了五年，让人扼腕。

孙侑，孙何的小弟，为北宋良臣名儒。孙侑少时聪明伶俐，读书一目十行，对经史子集、上下古今、伦理道德的悟性很高。大中祥符年间（1008—1016）中进士。

孙侑官至殿中丞，著作颇丰。明天启年间（1621—1627）有《孙侑文集》流传，崇祯战乱，散失殆尽，清初文学界、史学界人士叹惜不止。

“一门三凤俩状元”天下独有，因而被世人称道至今。

• 程门硕儒谢良佐 •

谢良佐（1050—1103），字显道，北宋上蔡人，人称上蔡先生。学从程颢、程颐，与游酢、吕大临、杨时并称程门四大弟子。元丰八年（1085）进士，历任河南渑池、湖北应城知县。他创立了上蔡学派，实开陆九渊心学先声。著有《论语说》《上蔡语录》等，在程朱理学的发展史上起到承上启下的作用。

谢良佐

元封元年（1078），已经颇有名气的谢良佐专程到扶沟县，向时任扶沟知县的程颢求教学问，程颢以客人之礼待之。良佐诚恳地说：“我是来拜师问学的，愿做先生的弟子。”程颢就把他安排到一个非常简陋的小屋子里，房顶漏雨，四壁透风。时值寒冬腊月，晚上没有蜡烛照明，白天没有炭火取暖。他却安之若素，整日勤学苦思，毫不懈怠。

谢良佐修身严谨，日常言行皆求合乎礼仪，如有违背就自己惩罚自己。他认为修身的最大障碍在于“矜”，即刚愎自用、骄傲自大的心态。他每天写日记，对自己的言行加以反思。他与程颐分别一年后相见，程颐问他：“一年来有何进益？”他回答道：“但去得一‘矜’字尔。”“良佐去矜”成为千古佳话，被世人尊为修身明志的座右铭。谢良佐关于“人须先立志，立志则有根本”“莫为英雄之态，而有大人之器；莫为一身之谋，而有天下之志；莫为终身之计，而有后世之虑”等言论也被人们奉为格言。南宋集二程理学之大成的朱熹，对谢良佐赞佩有加，自言：“熹自少时，妄意为学，即赖先生之言以发其趣。”

建中靖国元年（1101），谢良佐经人推荐，受到宋徽宗的召见。遗憾的是，他在召对中直言宋徽宗的年号“建中”与唐德宗的年号雷同，声称此乃“播迁”之兆，因此获罪，一度入诏狱。但后来北宋的结局应验了谢良佐的谶言。良佐晚年喜参禅，称“吾常习忘以养生”。崇宁二年（1103），谢良佐逝世，谥号“文肃”，清时钦定从祀孔庙。

谢良佐作为上蔡学派创始人，以“穷理”“居敬”作为进入“圣德”之门的向导，被后世学者引为楷模，其著名弟子有朱震、曾恬、詹勉、郑毂、朱巽等。清代学者黄宗羲称誉：“程门高弟，余窃以上蔡第一。”谢良佐治学以“生意”解释仁，认为活者为仁，死者为不仁；人身体麻痹不知痛谓不仁；桃杏之核可种而生者称仁。仁体现万物的生意，故仁为天之至理。他继承二程学说，认为“格物穷理”之“理”是“天理”，亦即“自然的道理”。比如，一个人蓦然看见幼童将坠入井中，定会有怵惕恻隐之心，这就是“天理”。“天理”人人皆有，为人要遵循“天理”而不能放肆“人欲”。“人欲”放肆，则“天理”泯灭。只有天与人合一，心与天地同流，体与神明为一，才能“无往而非理也”。

谢良佐上承“二程”思想，下启朱熹“穷理”学说，对当时和后世颇有影响。南宋初，人民为表达对谢良佐的敬爱，在上蔡县城南街为其修建祠堂。明清时又在祠堂近旁兴建景贤书院，并命名县城南关为“景贤关”，南关城门为“景贤门”。

• 抗倭名将卢镗 •

卢镗

卢镗（1505—1577），字声远，明代汝宁卫（治今汝南）人。由世荫嗣职福建镇海卫，历升至福建都指挥佥事。

明嘉靖二十七年（1548），闽浙沿海倭寇海盗十分猖獗，他们与当地富豪权势之家内外勾结，攻城略地，抢夺民财，弄得民不聊生。为了维护地方安宁，朝廷命都御史朱纨巡抚浙江兼制福州、兴化、漳州、泉州、建宁五府军事，卢镗随朱纨同往。卢镗奉朱纨之命率军讨伐平鼎山、双屿等地贼寇，又由海门进击福州、建宁。所到之处，他们明令禁止当地民众与倭寇海盗往来，违者立斩，以绝倭盗内应，倭乱很快被平息。因为朱纨、卢镗他们打击倭寇的方法和措施，损害了豪强势家坐地分赃的利益，于是这些地方恶势力便勾结朝中权臣，诬陷朱纨等滥杀无辜。嘉靖帝听信谗言，下令究治朱纨死罪，朱纨含冤自杀。卢镗等同僚亦被捕入狱，定成死罪。从此，闽浙沿海不设巡抚，海禁复弛，倭乱再起。到嘉靖三十一年，倭乱从沿海蔓延至闽浙腹地，大有愈演愈烈之势。迫于倭祸区广大民众的强烈要求，这年七月，朝廷不得不派佥都御史王忬巡抚闽浙。王忬到任后，立即奏报朝廷赦免卢镗，仍以都司之职在福建备战抗倭。

嘉靖三十三年，兵部尚书张经总督闽浙军务，擢卢镗为参将，分守浙东海滨诸府县。次年，卢镗督率保靖援军与俞大猷所部分进合击，大败倭盗于王江泾（今浙江嘉兴北），斩寇首1900余级，烧死淹死者不计其数。卢镗又督保靖士兵及蜀将陈正元部击贼于张庄，烧毁其寨垒。八月，海盗林碧川出没台州（今属浙江）外海，卢镗派都指挥王沛在大陈山（今浙江台州东南大陈岛）大败林贼。贼兵弃船登山负隅顽抗，官兵把他们的船只全部摧毁。卢镗督师会剿，生擒林碧川等，余寇尽灭。

嘉靖三十五年（1556），兵部右侍郎兼总督浙江事务的胡宗宪荐擢卢镗为协守浙江副总兵。是年，倭寇海盗攻陷仙居，继而进犯台州。卢镗率军在彭溪将盗贼击败，擒获了大隅岛海盗头子的弟弟辛五郎。又与胡宗宪共同剿灭了占据海岛的通倭海盗徐海、陈东、麻叶等部。三十六年，卢镗在舟山召见日本使者妙善，让他协助擒拿海盗头子王直，导致王直从此与倭寇发生矛盾，王直也因孤立无助，终被诛杀。卢镗被提升为都督佥事兼江南、浙江总兵官，不久，晋升为都督同知。之后，倭寇又进犯江北，卢镗率兵驰援，于海门将敌寇击溃，击毁倭船二十余艘，余倭敛舟龟缩在三沙（今属上海）一隅，不敢轻举妄动。

嘉靖三十八年，倭寇复流劫江北，屡袭官军。卢镗与协守浙江副总兵刘显围敌于刘家庄，一举全歼。嘉靖四十年，倭寇再举进犯浙江东部，卢镗与参将牛天锡破敌于宁波、温州。此后十年间，浙东倭乱渐平。

卢镗是个一生与倭寇海盗打交道的人，他身经百战，出生入死，充分表现了一个爱国将领大智大勇、顽强善战、爱国爱民的赤子之心。更难能可贵的是，卢镗虽为官多年，临死时却家无长物，清贫如平民。《明史·俞大猷传》中有这样的记载：“（卢）镗有将略。倭难初兴，诸将悉望风溃败，独（卢）镗与汤克宽敢战，名亚俞（大猷）、戚（继光）。”

共产党的挚友任芝铭

任芝铭（1867—1969），原名近三，字子勉，曾用名志民，新蔡县人。早年家境贫寒，靠父亲贩卖青菜度日。得姨母资助，十八岁中秀才，三十四岁成举人。

1895年中日甲午海战之后，任芝铭目睹国运危急，对国家大事日益关心。1907年起与新蔡县革命志士阎梦松、刘粹轩、刘芬佛等一起加入孙中山领导的同盟会，任新蔡县支部理事长。1911年，辛亥革命爆发，任芝铭初在北京、天津之间从事革命活动，后回河南，与从日本归国的阎子固联合组织“淮上军”，先后光复了商城、固始。曾攻新蔡，未克。其间，任芝铭命他的二女儿任锐加入革命党人组织的

任芝铭

暗杀团，组织刺杀清廷摄政王，未竟。

1912年1月，中华民国成立。8月，同盟会改组为国民党。任芝铭回到新蔡，主持新蔡县国民党党务。他领导党员同拥护袁世凯的统一党进行了激烈的斗争。他的老战友阎梦松为集合旧部讨伐袁世凯，从上海回河南时在火车上被捕，后在开封被害。任芝铭为躲避通缉，辗转陕、川和豫西等地，以教书为生。

1927年，任芝铭为响应北伐，到汉口国民革命军第六军十八师司令部任秘书。不久，蒋介石叛变革命，实行“清党”，任芝铭的二女婿、共产党员、国民革命军总政治部秘书长孙炳文惨遭杀害。至此，任芝铭把革命的希望全部寄托在中国共产党身上。

1928年8月，任芝铭离开第十八师，回新蔡兴办教育，创办今是学校。到1931年，学校由小学发展成完全中学，在校学生有2000余人，生源来自河南新蔡、汝南、正阳、息县、项城、沈丘和安徽临泉、界首、阜阳等地。中共新蔡县委以今是学校为基地，开展学生运动和妇女运动。

抗日战争开始后，任芝铭赴新乡张轸部一一〇师任秘书。1938年春，张轸升任第十三军军长，任芝铭调任该军后方留守处主任，住在镇平县贾宋镇。任芝铭利用职务之便，多次回新蔡，动员并护送370余名青年去延安抗大学习。任芝铭在延安逗留期间，受到中共领导人毛泽东的热情接待和宴请。

1939年，张轸被蒋介石撤职。任芝铭再次回到新蔡，一边办教育，一边从事共产党的地下活动，发展进步教职员和高年级学生加入共产党。由于任芝铭对党的突出贡献，中共领导人周恩来曾亲笔写信，通过党的地下组织转交给他，向他表示感谢。

解放战争时期，任芝铭一度居住在重庆，致力于党的统战工作，促成河南省参议会议长刘积学于1948年12月31日通电讨蒋，并促成河南省政府主席张轸于1949年5

月率部起义。

1949年4月，任芝铭前往北平，与三女儿任载坤和六女儿任均两家以及失去母亲不久的外孙女孙维世团聚。周恩来听说任芝铭来到北平，亲自去清华大学校园任芝铭的三女儿家看望他。人民解放军的总司令朱德接他到中南海畅谈。周恩来指示河南省尽快安排任芝铭的工作和生活。

1950年，河南省成立各界人民代表会议协商委员会，任芝铭当选为副主席；中国人民政治协商会议河南省委员会成立之后，当选为第一届至第三届副主席。任芝铭是中国国民党革命委员会河南省委员会主任委员。他还在河南省人民代表大会上连续三届当选为省人民政府（人民委员会）委员。从1959年起，他担任第三、四届全国政协委员。

任芝铭八九十岁时仍然刻苦学习，积极工作。1959年，任芝铭听说农村有饿死人的情况后，夜不成眠，暗自垂泪。他毅然去找有关领导陈诉事实，还写信给国务院总理周恩来，如实反映农村情况。

任芝铭、张梦吉夫妇共有六个女儿，第四、第五女儿早亡，其余四个女儿和女婿都走上革命道路。二女儿任锐和丈夫孙炳文都是中共早期党员、革命活动家。三女儿任载坤从事过教育工作，丈夫冯友兰为著名哲学家。六女儿任均和丈夫王一达均从事革命文艺工作，王一达曾任中国驻保加利亚大使馆文化参赞、中国京剧院副院长。

• 农民领袖王国华 •

王国华（1890—1970），确山县人。出身于贫苦农民家庭。

1926年，在中国共产党领导下，确山农民运动蓬勃兴起。王国华参加了农民协会。次年4月，他参加了围攻确山县城的农民暴动。

1931年王国华在确山县北大王庄组织抗租抗捐斗争，同年经中共河南省委刘晋介绍加入中国共产党，任支部书记，后任区委书记，确山县委书记。1933年5月他在确山县北周邓庄领导麦收斗争，被地方民团抓捕，经该地联保主任说情，获释。不久被调到中共河南省委负责信阳、汝南、确山、正阳等地的工作。是年10月，他代

王国华

表确山地区党组织，与豫西南党的负责人张星江一起，前往江西中央苏区，参加中共六届五中全会和中华苏维埃第二次全国代表大会。1934年2月到达瑞金，聆听了朱德讲的游击战术。嗣后入党校，学习陈云和其他中央领导主讲的“农民运动”“党的建设”等课程。他听讲注意力特别集中，即使疟疾发作，浑身发抖，也坚持把课听完。

王国华在瑞金学习期间，河南党组织遭到严重破坏。1935年2月，他回到豫南。在汝南和孝店与中共豫南特委取得联系，恢复了“汝南正阳确山”边区党组织的活动。8月间，又去泌阳和张星江取得了联系，成立了中共鄂豫边省委。张星江任省委书记，王国华任宣传部长。决定在确山、泌阳、桐柏、信阳四县交界的山区，组织武装斗争，创立革命根据地。

1936年1月，鄂豫边省委领导的红军游击队在信阳吴家尖山建立。从7个人3支枪，很快发展成为一支30多人的武装。3月，张星江、周骏鸣、王国华等率领化装成香客的游击队员，奔桐柏平氏镇，从民团和豪绅家丁手中夺到长短枪9支。归途中遭袭击，张星江牺牲。8月，王国华接任中共鄂豫边省委书记。此时，红军游击队分为3个战斗组，活动在确、信、泌山区，1936年下半年，红军游击队逐步发展到100多人，拥有手枪50余支，长枪100多支。

王国华机智、勇敢，且生活朴素，平易近人，经常农民衣着，留着一簇长胡须，大家相沿成习称他“王老汉”。他和周骏鸣带领游击队活动在铜山一带，铲暴除恶，“王老汉”声威大震。

1937年抗日战争爆发，红军游击队改为豫南抗日独立团，周骏鸣任团长，王国华任政治委员。他率队四处宣传抗日，对豫南山区的大小股匪展开政治攻势，进行分化瓦解。吴家尖山的蔡冲有个恶霸，极其反动。寨内筑有3座大碉堡，外有铁丝网、鹿寨，豢养着许多团丁。扬言若要他支持游击队，需先送上人头千颗。王国华率游击队，配合红二十八军一个营，经过长途奔袭，施巧计让游击队扮成土匪，攻打蔡冲，红军营佯装追剿土匪的国民党军队，骗其打开寨门，拔除了这个钉子。

1938年1月，豫南抗日独立团改编为新四军四支队第八团，3月底，八团开往皖中敌后抗日，王国华任八团竹沟（属确山县）留守处主任。之后，中共河南省委、中共中央中原局相继驻在竹沟，在竹沟开办了党训班、教导队，为新四军第二、四、五师输送了大批干部。

1939年11月，国民党确山县县长许工超率确山、信阳、泌阳三县常备队1800多人，向竹沟发动突然袭击时，竹沟仅有两个中队200余人，且大多是伤病员和抗日家属。王国华和其他省委负责人迅速在西寨门建立了指挥部，带领军民进行阻击，拼杀了两天一夜，因众寡悬殊，决定突围。翌日晚，寨墙上挂满灯笼，示以固守待援。深夜12时后，王国华等率战士、干部及家属，冒雨由西门突围南下，会合从毛家棚撤出的中原局印刷厂人员，前往四望山。

1940年，王国华参加了中国共产党第七次代表大会。1947年10月，调到晋冀鲁豫军区任民运部副部长。随即南下，12月任桐柏区党委委员、农协主席兼泌阳分区专员。1949年3月，任中共确山地委委员，确山军分区司令员。后任信阳地委委员，军分区司令员兼信阳军管会主任。

中华人民共和国成立后，王国华历任河南省农民协会副主席、省土地改革委员会主任、中共河南省委委员、中共河南省委监察委员会主任、河南省副省长等职。他极其关心农业生产的发展和人民生活的改善，经常深入农村调查研究。“文化大革命”中王国华受到残酷的迫害，1970年2月，含冤去世，中共河南省委于1977年4月给予彻底平反。

• 抗日民族英雄杨靖宇 •

杨靖宇（1905—1940），确山县李湾村（今属驻马店市驿城区）人，回族。原名马尚德，字骥生，曾用名张贯一等。

杨靖宇五岁丧父，寄居在叔父家中，生活十分清苦。1923年秋，考入开封纺织染料工业学校，开始接受马克思主义。1925年，加入中国共产主义青年团。

1926年10月，国民革命军挥师北伐，

杨靖宇

胜利攻占了武汉三镇。中国共产党积极组织各地群众声援北伐军。杨靖宇接受党的指示，到豫南开展革命活动。1927年根据党组织决定，由共青团员转为共产党员。

1927年4月，杨靖宇率万余农民武装攻占确山县城，打开粮仓为穷苦人放赈，砸开监狱，放出无辜受害的群众。之后，中共确山党组织主持召开确山县农民代表大会，选举产生了代表农工利益的革命政权——确山县临时治安委员会，杨靖宇当选为治安委员会常务委员，主持县政府日常工作，群众热情地称他“马县长”。

大革命失败后，杨靖宇组织领导了确山农民起义，建立了鄂豫皖边区农民革命军。这支队伍在杨靖宇指挥下，活跃在确山、汝南、罗山、正阳、信阳等地，打击土豪劣绅，筹集钱粮，救济贫民，震撼了这一地区的反动统治。

1928年春，杨靖宇被党组织派到信阳、开封、洛阳等城市开展白区工作。由于当时的环境十分险恶，在不到半年的时间内，杨靖宇先后三次被捕。在狱中他坚贞不屈，严守机密，每次都被营救出狱。这年冬天，因敌人对杨靖宇追捕很紧，中共中央调他去上海进行短期学习。1928年4月杨靖宇离别家乡李湾村，从此戎马倥偬，一生再也没有回到这里。他的老母和妻子带着两个孩子，在动荡和危难中艰难度日。

1929年杨靖宇受党的派遣来到东北，化名张贯一，任中共抚顺特别支部书记。在抚顺又两次入狱，在日本警察署受到严刑拷打，始终不曾吐露半点党的机密。九一八事变后杨靖宇经组织营救出狱，历任中共哈尔滨市道外区委书记、市委书记，满洲省委军委代理书记。1932年1月被派往南满，组织中国工农红军第三十二军南满游击队，创建了以磐石县红石砬子为中心的游击根据地。1933年9月任东北人民革命军第一军独立第一师师长兼政委，次年任第一军军长兼政委。1936年2月任东北抗日联军第一军军长兼政委，6月任东北抗日联军第一路军总司令兼政委。

面对日伪军频繁的“讨伐”，杨靖宇采用“敌合我分，敌进我退，乘敌之虚，各个击破”等战术，指挥所部与日伪军作战数百次，沉重打击了日伪军，扩大了游击根据地。1938年秋，日伪军悬重赏缉拿杨靖宇。在极端困难的条件下，杨靖宇继续坚持战斗。1940年1月，所部被日伪军重兵围困。杨靖宇继续与敌周旋两个月之久，于2月23日在吉林濛江县保安屯西南的三道崴子山上壮烈殉国。

杨靖宇是无产阶级革命家，东北抗日联军的主要创建人和领导人之一。为纪念他，1946年，东北人民政府将濛江县改名为靖宇县。2009年，杨靖宇被评为100位为“新中国成立作出突出贡献的英雄模范人物”。

现代豫剧之父樊粹庭

樊粹庭（1905—1966），原名樊郁，遂平县关王庙潘庄（今属驻马店市高新区）人，著名的豫剧作家。

樊粹庭

他家境殷实，14岁就读于河南留学欧美预备学校，24岁毕业于河南中山大学。在大学学习期间，樊粹庭对戏剧产生了浓厚的兴趣，曾参加过话剧、豫剧、京剧的编演。毕业后，他毅然抛弃省教育厅的官职俸禄及优裕生活，立志献身于豫剧改革事业。他的这一抉择为封建家庭所不容，也为一部分官场同僚所鄙视，他的父亲曾以和他脱离父子关系相威胁。但这些都未能动摇他从事豫剧事业的决心。

1934年，他在开封创办豫声剧院，先后编导20多出内容健康的豫剧新戏，受到广泛欢迎。抗日战争全面爆发后，他将豫声剧院改为狮吼旅行剧团（取醒狮怒吼之意），沿途宣传抗日，一度驻扎西安。

1940年，剧团被迫解散，他流落到西安北关的一个小席棚里，过着饥寒交迫的困顿生活。后来，他获得河南同乡会的赞助，组建狮吼儿童剧团。新中国成立后，樊粹庭受到党和人民政府的信任和支持，曾任西安市豫剧团团长、西安市文联副主席、中国戏剧家协会陕西分会副主席等职。

樊粹庭在30多年的艺术生涯中，编创的剧本有《凌云志》《涤耻血》《三拂袖》《洛阳桥》《桃花庵》《王佐断臂》等50余种，时称“樊剧”；导演剧目60余种。在他的影响和带动下，王振南、王景中、朱赞亭、陈宪章等豫剧作家都加入到豫剧改革事业中来。

20世纪初叶，是豫剧由跑野台到正规剧场演出的过渡时期。樊粹庭在这一时期全身心地投入到豫剧改革实践中来，不仅为剧团提供了大批优秀剧本，而且一贯重视优良台风的培养、先进导演方法的引进。他通过创办剧团，吸引和团结了一大批豫剧著名演员，如陈素真、赵义庭、张子林、黄儒秀等，促进了“祥符调”和“豫东调”两个豫剧流派的艺术交流，推动了豫剧的发展。

【知识链接】

樊粹庭故里纪念碑

2009年10月1日，河南省文化厅、河南省文联等12个单位及樊粹庭子女、弟子联名在樊粹庭家乡潘庄立樊粹庭故里碑，以纪念这位豫剧改革大师。碑文由河南省艺术研究院资深研究员马紫晨和河南大学教授张大新联袂撰写。碑铭如下：

嵖岈葱葱 汝水淙淙 钟灵毓秀 育我樊公 本名樊郁 易为粹庭
少小立志 负笈汴京 学贯中西 博涉群经 痴迷菊部 生旦兼工
弃政从艺 创立豫声 整饬剧场 延揽名伶 革除积弊 纲纪严明
凌云一剧 石破天惊 女贞涤耻 声誉腾涌 倭寇犯华 山河血腥
树帜狮吼 发唱警挺 转徙千里 愈挫愈勇 醒世御侮 壮心不惩
难童是有 重振雄风 循循善诱 如沐春风 因材施教 琢璞为灵
编创经营 触类旁通 身当大任 举重若轻 祥符母调 唱彻寰中
朴野豫梆 赖君驰名 惠泽梨园 德业永恒 桑梓感念 树碑志诚

• 数学家张景中 •

张景中

张景中，汝南县人，1936年出生。1954年进入北京大学数学力学系学习，由于他在数学方面具有极高的天赋，被学友们誉为“十大才子”之一。1957年被打成“右派”后下放劳动，发配到新疆做中学教师。在人生精力最旺盛之时遭遇重大打击，但他依然没有放弃学习，直到“文革”结束被平反。1979年开始任教于中国科技大学，先后任讲师、副教授。1985年起在中国科学院成都分院工作，任数理科学研究室主任、研究员。现任广州大学计算科技研究院名誉院长、中国科学院成都计算机应用研究所名誉所长，计算机学科和数学学科博士生指导老师。曾任第四届中国科普作家协会理事长，电子科技大学计算机推理与可信计算实验室主任，兼任中国计算机学会理事、中国科协委员、《数学通讯》和《数学教育学报》顾问。1995年当选为中国科学院院士，1997年当选为中共十五大代表，曾获全国“五一”劳动奖章。是中国著名的计算机科学家、数学家和数学教育学家。

张景中在动力系统、距离几何、机器证明、教育数学领域做出了国际公认的创新成果，创造性地提出了面积解题方法，创立了计算机生成几何定理可读证明的原理和算法，刷新了中国教育数学的思想和方法，为中国科技、教育事业的发展做出了重大贡献。他的科研成果“安全节能低噪声木工电磁振动切削工艺”获1982年度国家发明奖二等奖，“几何定理机器证明理论与算法新进展”获1995年度中国科学院自然科学奖一等奖和1997年度国家自然科学奖二等奖。主持开发的软件《Z+Z智能教育平台》获2000年香港国际发明展览会金奖、2002年全国多媒体教育软件大奖赛一等奖。

自1980年以来，张景中发表学术论著共150多篇（册）。作品《教育数学丛书》获1995年“中国图书奖”、第一届全国数学教育图书一等奖和全国科普创作一等奖。《数学家的眼光》2003年获第六届国家图书奖。《院士数学讲座：帮你学数学》一书获中宣部精神文明建设“五个一工程”入选作品奖。张景中被授予“建国以来贡献突出的科普作家”称号。

1996年，张景中创建了广州大学（原广州师院）“课程与教学论”硕士点并任硕士生导师和学科带头人。1998年创办了计算机教育软件研究所信息与计算科学本科试点班，培养了本科生、硕士生及博士生几十人。张景中所承担的国家“973”项目及省、市、学校的科研项目十多项。其科技成果多次获得国家科技大奖和国际科技奖。

张景中热心科普教育和科普创作，是我国数学领域屈指可数的杰出的科普作家。张景中的创作能力和水平早在大学时期已崭露头角。其大学同学、被誉为“当代毕昇”的科学家王选在《回忆北大数学力学系的大学生活》一文中说：“54级新生共200多人，后来出了6名院士（实际上是7名），人数和水平都是空前的。五班中最突出的是张景中，他不仅成绩好，文学水平也不错，发表过诗作，他的政治课读书报告曾作为范本张贴在墙上供大家学习。”

张景中从普通的高等数学、高深的研究数学和前沿的科研课题这三个层面，解决了数学教育和数学的科普创作中的一系列理论和实践问题，着眼于拉近科学家与中学生学习生活的距离，把从科研第一线挖掘出的核心思想和方法变为一种可操作、实用的新式学习武器。他创作的数学科普作品《帮你学数学》《新概念几何》《数学家的眼光》《数学与哲学》《漫话数学》《从数学教育到教育数学》等就是这一类科普读物中的精品。

附录：

驻马店历代名人表

姓名	生 卒	字（号）	主要事迹、著述	籍 贯
郭 宪	不详	字子横	汉代经学家，著有《东方朔》《洞冥记》	今上蔡县
翟 义	约前29—7	字文仲	西汉末年弘农、河内、东郡太守，聚义讨伐王莽	今上蔡县
许 杨	不详	字伟君	东汉方士，王莽时曾任酒泉都尉；建武中主持鸿隙陂工程	今平舆县
周 颢	269—322	字伯仁	晋元帝尚书左仆射，以刚直流芳	今汝南县
周 颙	不详	字彦伦	南朝宋齐名臣，工书法、音律，有《四声切韵》传世	今汝南县
袁 郊	不详	字子仪	唐代文学家，有代表作《甘泽谣》	今确山县
朱胜非	1082—1144	字藏一	南宋开国功臣，著有《绀珠集》《秀水闲居录》等	今汝南县
曹 凤	1457—1509	字鸣岐，号西野	明朝都察院右副都御史，巡抚延绥	今新蔡县
张九一	1533—1598	字助甫，号周田	明朝都察院右佥都御史，善诗词，有《绿波楼诗集》传世，时称文坛“后五子”	今新蔡县
羊可立	1536—1605	字子豫，号崧原	明代文学家，官拜太常卿，著《濯缨亭集》《筠州诗卷》	今汝南县
阎调羹	1552—1619		明朝大理寺正卿，善诗词，著《熊耳山房诗集》	今新蔡县
傅振商	1573—1640	字君雨	明朝南京兵部尚书，著有《爱鼎堂文集》40卷等	今汝南县
张 沐	1621—1701	字仲诚	历明清两朝的经学家、方志学家、教育学家	今上蔡县
刘 淇	不详	字武仲、龙田，号南泉	清代文字学家，著有《助字辨略》《卫园集》《禹贡说》《周易通说》等	今确山县
陈大喜	1832—?	字泰和	豫南捻军首领	今平舆县

续表

姓名	生卒	字（号）	主要事迹、著述	籍贯
阎梦松	1873—1913	字子固	辛亥革命烈士	今新蔡县
万道同	1880—1958	字慧青，号懒园居士	戏曲艺术家，代表作《李豁子离婚》，有《懒园诗抄》传世	今平舆县
刘纯仁	1881—1912	字粹轩	辛亥革命烈士	今新蔡县
任　锐	1891—1949		中共早期党员，被毛泽东、周恩来尊称为“妈妈同志”	今新蔡县
赵维汉	1897—1947	字新吾	留美机械工程硕士，两度出任河南大学校长	今遂平县
张家铎	1902—1929	字警斋	中共在驻马店早期的活动家和领导人，组织确山暴动、刘店秋收起义	今驿城区
张耀昶	1904—1935	字朗轩，化名张超	中共在豫南地区的早期活动家	今确山县
李鸣岐	1905—1931		中共在豫南地区的早期活动家	今确山县
陈香斋	1907—1937		中共在豫南地区的早期活动家	今泌阳县

寻根问祖

——开枝散叶兴中华

盖伏羲定姓氏、制嫁娶，轩辕黄帝、神农炎帝之下，子孙传九州，血脉流四海：天中山旁，洪汝河畔，蔡、吕、沈、江、道（路）、房、柏等，以国为姓，从春秋战国的天中大地传宗接代，繁衍生息；汝南周氏，天下仰望；蔡州金氏，播迁新罗。一个姓氏，一个家族，它的诞生与发展，就是一段历史，也是我们民族生生不息的缩影，传下来的有荣光与辉煌，也有苦难和无奈，这些都是挥之不去的记忆。

• 以国为姓　源在天中 •

天中大地北依黄河，南邻淮水，是中华民族早期发祥地之一，古国林立、征伐频仍。“以国为姓”成为天中姓氏文化的一个显著特点。

蔡姓

蔡姓是汉族大姓之一，以国为姓。据《史记·管蔡世家》记载，公元前11世纪，周武王姬发灭商后，将弟弟叔度封于蔡，建立蔡国。武王死后，儿子姬诵继位，这就是成王，由武王之弟周公姬旦摄政。管叔、蔡叔对此不满，联合武庚及东方夷族进行反叛。后被镇压，武庚、管叔被杀，蔡叔遭放逐，不久，死于迁所。其子胡，能够与父亲的反叛行为决裂，遵守文王的德训，与人为善。周公旦听说后，就派他到鲁国辅佐自己的儿子伯禽。由于胡在鲁政绩卓著，周公奏请成王，复封胡于蔡，以奉蔡叔之祖，是为蔡仲。其子孙就以国为姓。

先秦时期，蔡氏主要是在今河南、安徽境内发展繁衍，也有到外地做官留居当地者。战国时，蔡泽曾取代范雎任秦国相，封刚成君。此外，齐国有大夫蔡朝，楚国有大夫蔡鸠居，晋国有太史蔡墨。汉代，已有蔡姓人居于今江苏、浙江，但河南仍是蔡氏的主要聚居区，直至南北朝时期，陈留圉一直是蔡氏的发展繁衍中心。

蔡叔度之墓

蔡

因西晋惠帝时分陈留郡置济阳郡（治所在今兰考县东北堌阳镇），圉属济阳，故《百家姓》列蔡氏郡望为“济阳”。汉末，蔡丕任五原（治所在今内蒙古包头市西北）太守，在当地安家，其子孙居住在朔方（今内蒙古杭锦旗西北）一带。后又有蔡姓人徙居于今宁夏、甘肃境内。

两晋之际，蔡氏有族人随中原士族南渡，居于江、浙一带。蔡氏移居福建、广东，则始于唐初。唐末，中原战乱，河南蔡氏又有随王潮、王审知入闽者，先居于福建宁化县，后又迁至广东梅州。明末清初，郑成功收复台湾，有蔡姓部属随从，后留台湾垦荒，此后，又有大批的蔡姓人从福建、广东到台湾开基，有的移居东南亚及欧美诸国。

历史上的蔡姓名人还有很多，东汉桂阳（治今湖南郴州）人蔡伦，被后世称为中国造纸术的发明人。东汉还有文学家、书法家蔡邕，通经史、音律、天文、书画；其女蔡琰，字文姬，博学善诗，通音律，有《悲愤诗》及琴曲歌辞《胡笳十八拍》。南朝宋有画家蔡斌，善画人物故实，天下标冠。宋代的蔡姓名人大都出自福建，如北宋书法家蔡襄，书法家、太师蔡京，均为兴化仙游人；南宋律学家、理学家蔡元定，学者蔡沈，均为建阳（今属福建）人。金代有文学家蔡松年、蔡珪；元代有江西农民起义首领蔡五九。仅“二十五史”中列传的蔡氏名人就有112位。到近现代，蔡姓更是人才济济，主要有教育家蔡元培；军事家、民主革命家蔡锷；无产阶级革命家蔡和森、蔡畅兄妹，革命家、军事家蔡申熙；抗日名将、全国政协副主席蔡廷锴；医学生理学家蔡翘；电影导演蔡楚生等。由此可见，蔡氏对中国的文明与进步做出了积极的贡献。近年来，由世界蔡氏宗亲总会和全国各省蔡氏联谊会共同主办的祭祀蔡氏人文始祖大典每年都会在上蔡举行，来自世界各地的蔡氏后裔会聚于此，最多时达2000人。

柏姓

柏姓起源有三，主要的一支以封国命姓，系出柏国。柏国因封爵是“子”，也叫柏子国，故址在今西平县。春秋时，柏国被楚国所灭，柏国国君的后代就用国名作为姓氏。其遗民一部分被楚国迁于柏子山，在今湖北省麻城市东北处立邦筑城。一部分柏国贵族，西上投奔柏国胞邦嬴姓的秦国。当时的伯乐（《汉书·古今人表》厘正

柏

为“柏乐”）即柏国王子，以长于畜牧相马为秦穆公所重用。

柏姓经过播迁发展，在魏郡（治所在今河北临漳县西南）、济阴郡（治所在今山东定陶县西北）形成望族。目前柏姓主要分布在安徽、湖南、陕西、江苏等地，人口不是很多，但在宋人编的《百家姓》中排名第37，这足以说明柏姓在古代的社会影响力了。

柏姓名人有：周朝史官柏常骞，唐朝大将柏良器、太常卿柏贞节，明代首倡河湖分离的“宝应老人”柏丛桂，所修水利工程人称“柏家堰”，清代书法家柏谦，近代民主革命者、安徽都督柏文蔚等。

2010年元月，中华柏氏家族委员会常委、副主任柏学海，柏基稳，柏振云，柏令成赴古柏子国西平县寻根。柏氏后裔参观了古柏子国城遗址。同年8月中华柏氏家族委员会召开了一届五次常委会，对家族委员会章程部分条款进行修改，认同西平县为中华柏姓和柏姓文明的重要发源地之一。

房姓

房国为周代诸侯国，祁姓，国君为尧子丹朱之后，故地在今遂平县，始封之君为丹朱。侯爵，故称房侯国。丹朱子陵以父封邑为氏，称房陵，房姓的始祖。周敬王十五年（前505），房国为楚所灭，其后裔以国为氏。

“房”原为上古时代伏羲氏部落建立的女神庙，其地在今遂平县。其后裔建立房国，为一方之伯；帝舜时封尧子丹朱于房。丹朱虽聪明过人，却玩世不恭、放荡不羁，帝尧只好忍痛割爱（一说被舜逼迫），把他的帝位传给女婿舜，舜为使丹朱弃旧图新，将丹朱放逐到丹水，拜名臣后稷为师。后来丹朱确实洗心革面，脱胎换骨，舜复封丹朱于房（今遂平），有子房陵。以后房国为中原望族，周王朝曾与房国通婚。周康王、周昭王两世皆娶房国的公主为王后。所以房陵的三十五世孙房钟受到周昭王垂青，奉命为周王朝镇守边疆，食采灵寿（今河北灵寿县西北），这是文献记载最早的房姓族人离开故土向西北方的迁徙。

房法寿北魏时官至冀州刺史。法寿六世孙房玄龄，协助李世民取得帝位，为中书令，后任尚书左仆射，监修国史，与杜如晦同为唐初名相，“房谋杜断”被传为佳话。唐代还有同中书门下平章事房琯、文学家房千里。

江

正阳江国遗址

江姓

江姓，系出江国。江国是中原地区最古老的方国之一。位于今正阳县城东南40公里处的大林乡涂店附近，南距淮河不足1公里。黄帝派遣其子青阳定居江水，诞生了五帝之一的“少昊”，其后裔建立江国。尧、舜、禹所处的上古时代，江国为中原大邦，著名的人物有皋陶、陶子伯益。

春秋时，楚灭江国，国人流落各地。为不忘故国，江人便以原国名“江”为姓氏。因其始祖伯益为嬴姓，故称江氏源于嬴姓。

亡国后的江氏子孙，先自正阳向北迁至陈留圉县（今杞县圉镇），后又迁至济阳考城（今兰考县东北），在此发展成为名门望族，故江氏以济阳、淮阳为郡望。另据《古今姓氏书辨证》记载，江国灭亡后，还有一部分江国子孙逃到齐（都城在今山东淄博市）。

在中国历史上，江姓名人辈出，而且多是河南人，如南朝时济阳考城人江淹一生笔耕砚田，以文章著称，世称江郎，晚年诗文无佳句，时人遂有“江郎才尽”之典故；宋朝衢（在今浙江）人江参，擅长山水画，存世作品有《千里江山图》等。

吕姓

吕姓系出吕国，起源地就在今新蔡县。历史上也叫东吕，以别于南阳吕国。吕国是一个小国，为楚国附庸。历夏、商，世有国土。辅助周文王、周武王成就帝业的姜太公吕望就是吕国子民。春秋时吕国被宋国吞没，其后裔以国为氏。

周穆王时，吕侯因总结

吕

夏、商历代安邦治国的经验教训撰注《吕刑》被授任周司寇，为股肱之臣，别封其子于南阳，春秋时期为楚国所灭。

新蔡吕国灭亡后，其遗民主要分布于今豫南及皖北，以后向四方迁徙。战国末有卫国濮阳人吕不韦，原为阳翟（今禹州）大商人，后任秦相国，曾命门下宾客编著《吕氏春秋》。秦末有农民起义军将领吕臣。西汉有高祖皇后吕雉，摄政16年。东汉末有名将吕布。三国时吴有名将吕蒙。西晋有文学家吕忱，音韵学家吕静。十六国时吕光建立后凉，历17年。唐代有哲学家吕才，以及俗称“八仙”之一的吕洞宾。北宋时，吕姓人才济济，有宰相吕蒙正、吕端、吕夷简、吕公著；同时，还有一个值得提及的吕氏宗族文化现象，就是《吕氏乡约》。这个乡约系北宋吕在钧兄弟在家乡蓝田（今属陕西）所制定，规定同约人要“德业相劝、过失相规、礼俗相交、患难相恤”，对后世颇有影响。南宋有诗人吕本中，哲学家、文学家吕祖谦。明代有学者吕坤，戏曲理论家、作家吕天成。清之际有思想家吕留成。近现代有史学家吕思勉、建筑师吕彦直、音乐家吕远，无产阶级革命家、开国上将吕正操。据统计，从宋代至清代科考吕姓共出了吕蒙正等七位状元，英才辈出，代不乏人。

北宋初，吕氏一支徙居福建，分布于泉、漳二州，后有部分移居广东。自清康熙年间开始，闽、粤吕氏有多支移居台湾，进而又有一些人远徙海外，分布于新加坡、菲律宾、马来西亚、印度尼西亚、泰国、文莱、越南、美国、加拿大等国家。

道姓和路姓

古道国属地在今确山县境内，其古城遗址在今确山县北的古城乡古城村。清《重修汝宁府志》载，确山县为史前唐尧时候的“古道国地”，是中国最早的古代封国之一。春秋中期，逐渐强大起来的楚国不断对淮汝地域内的诸国用兵。为了自保，这一地区的小国只好依附强大的齐国，并通过联姻等方式相互结盟，以对付楚国的侵犯。这一时期，道国一度与楚国交好，道国的公子道朔还曾任楚国大夫。周景王十四年（前531），楚灭蔡国，把许、胡、沈、道、房、申等小国都迁至楚国内地。周景王十六年，楚公子弃疾发动政变，逼楚灵王自杀，自立为楚平王。为报答蔡、陈两国旧臣的相助之功，平王不仅允许蔡、陈复国，而且允许已经迁往楚境的许、胡、道、房诸国迁回故地。

古道国的子孙以国为姓，自不待言。而路姓的起源就比较复杂。《新唐书·宰相世系表》有“路氏出自姬姓，帝挚子玄远，尧封于中路，历虞、夏称侯，子孙以国为氏”的记载。可见，道和路都是以国为姓的，应该是两个姓氏。但令人奇怪的是，在先秦典籍中，有关路国和路姓的记载少而又少。这是为什么呢？

其一，古路国在历史上存在的时间可能极为短暂，所留下的历史印记相对稀少。其二，到春秋末战国初时，道国灭亡，其后人或出于避祸，或出于亡国之耻，慑于或羞于“以国为姓”；或因“道”字还有道家、道人、道德、道义等许多要义，不宜为一族之姓，因此，道国后人不再以“道”为姓。那么，改“道”为“路”不失为一种最佳选择。“道”与“路”的基本含义是相同的。《说文》：“路，道也。”道、路二字异音同义，可以相互转注。其三，汉代以后所谓的道姓多为僧人，他们的姓名也多为法号，并非原有的姓氏。宋代学者叶梦得说：晋宋年间佛学初行，还没有“僧”的称谓，通称道人。比如东晋明僧道安，并不姓道，而本姓卫，道安是其法号。这种称谓一直延续到明清时期。

道姓和路姓之间的这种演化，其结果是道姓渐少，路姓却由原来的名不见经传而成了望族。路姓名人有：西汉司法官路温舒，主张“尚德缓刑”，反对刑讯逼供。宋代路振，永州祁阳（今属湖南）人，唐宰相路岩的四世孙，以殿试探花入仕，景德年间为福建巡抚，后又任国史编修官、知制诰，曾编修《两朝国史》等；擅长诗咏，文辞温丽，为当朝文坛称誉。明朝的名臣路振飞，重用名将郑芝龙讨伐“红夷”荷兰强盗，名播海疆，晚明任太子太保、吏部尚书兼文渊阁大学士。

挚姓和薛姓

挚国是上古黄帝之少昊后裔建立的方国，在今平舆县。少昊名挚，其后裔奚仲和其子吉光发明车辆，奚仲后裔仲虺为汤左相，故商代挚国仍然是中原地区的一个重要方国，生产各种车辆，经济文化发达。商朝末年，挚国和周国通婚，挚君美丽贤淑的二女儿太任嫁周君季历为妻，生一代圣君周文王。挚国因与周国是姻亲受到株连，为殷纣王所灭，其后裔以国为姓。挚国贵族东迁定居薛城（在今山东滕州市南），复建薛国。周武王克商建立西周后，挚国遗民作为文王外祖父家，与周国风雨患难，故追封于薛。春秋时期疆土逐渐被鲁国蚕食，战国时期为齐所灭，其子孙姓薛氏。所以奚仲后裔在晋代以前有姓挚氏者，也有姓薛氏的。

汉代有名士挚峻，与司马迁为友。西晋有文学家挚虞，武帝年间官至太常卿，撰有《三辅决录注》《文章流别集》《文章流别志论》等。

南朝以降，挚姓人物消失，而薛姓人物则逐渐繁荣，足见南北朝时期“挚”“薛”同源，二字音近，以“挚”为“薛”的嬗变过程。

沈姓

沈姓源于沈国。周朝，周公之孙始封于沈，建立沈子国（都城在今平舆县射桥），周敬王十四年（前506）为蔡国所灭。沈本姬姓。周武王继位时，他的同母弟聃季（史称季载），即文王第十子，富有才德，被任命为司空，分封在位于今天平舆的沈亭（射桥镇古城村），开立了沈子国。聃季死后，儿子伯桓继位，其后延续数代。周敬王元年，吴国攻打沈国，沈国国君投奔楚国。嘉继位后，因未参加诸侯在召陵商议伐楚的盟会，霸主晋国国君大怒，指使蔡国灭亡了沈国。聃季至嘉，沈国历世十八代，其后以国为氏，始有沈姓。嘉孙诸梁，字子高，楚国封之为叶邑（今叶县）尹，因楚国的尹皆称公，故沈诸梁又号叶公。叶公后人以邑名为姓，遂有叶氏。因沈、叶二氏渊源之故，后有“叶皮沈骨”之说。

沈

先秦时，沈姓主要活动于豫、鄂地区，在皖、晋、陕、甘、川等地也有沈氏的足迹。东汉时，沈姓进入浙江，子孙昌盛，一直到隋朝，浙江武康的沈姓发展成望族。唐朝的两次从中原出发南下移民潮中，沈氏为其中一姓进入福建，随后移民广东，明末沈姓始入台湾。

在漫长的历史当中，沈氏家族有一个特点，那就是多别辟田庄，聚族而居，恒持读史、诵经、尚武之风，代代出贤臣良将、儒雅之士，还涌现了一些名垂青史的史学家、文学家，如沈约、沈麟士等。隋代吴兴沈氏繁衍数千家，族人沈法兴依靠宗亲资助“聚精卒”六万，据有江表十余郡，制置百官，建元称王。唐朝沈佺期，以律诗见秀，与宋之问并称“沈宋”。宋代的沈括是著名的科学家、政治家，其所著《梦溪笔谈》是世界科学技术史上一部极其重要的文献。

沈氏自东汉沈戎避乱率族人离开故土徙居南疆，播迁天涯海角，繁衍派生出闽浙尤姓及八木公派、延辅公派等诸多派系，枝繁叶茂。明、清、民国时，部分沈氏族人徙居台湾、港澳及南洋的泰国、新加坡、马来西亚等地拓荒创业，把博大的华夏文化及先进的科学文化知识带到异邦。

• 汝南周姓　名满天下 •

秦汉时期的周姓有两大郡望——沛郡周氏和汝南周氏。沛郡周氏以武功显世，位至王侯者居多。西汉政权巩固以后，统治者着手削除异姓王侯。沛郡周氏子孙大多褫夺爵位。至西汉末年，沛郡周姓大多已默默无闻，而以文韬显示的汝南周氏则人才辈出，成为东汉著姓。

汉魏六朝时期，周姓有“旧八望”之说，他们是汝南、沛国（沛郡）、陈留、浔阳、临川、庐山、泰山、淮南。这八望中有七望出自汝南。南北朝至唐代，周姓又有“新十望”之说，他们是：永安、河间文安、临汝、华阴、河东汾阴、清河、江陵、长安、河南（洛阳）、昭州。其中永安、河间文安、临汝、河东汾阴、江陵等五个郡望也源于汝南。唐宋之间移居道州的汝南周姓异军突起，自成风光。

经过世代繁衍生息，以周为姓，这支周姓形成汉唐时期闻名天下的汝南周氏。后来，汝南周室因战争、灾荒、宦祸等原因，不断向四周流徙，但其后的陈留、临川、浔阳、庐山、泰山、淮南、永安、河内、临汝、华阴、河间文安、河东汾阴以及道州等地的周氏郡望，都将汝南牢记在心，把它视为天下周姓的发源地，把周仁视为汝南周氏的始祖。

周

■ 汝南周氏的迁徙与繁衍

据《新唐书·宰相世系表》载：汉汝坟侯周仁有十个儿子，其后人丁兴旺，代有显名。魏晋时期，汝南安城周氏出现了很多优秀的历史人物。其中周浚一门功名显赫，周浚封成武侯，食邑六千五百户，赐绢六千匹，镇守秣陵（今江苏南京）。

汝南周姓不断向外播迁，有一支辗转

迁到绍兴。绍兴周氏出了两位伟人：一个是周恩来，一个是周树人（鲁迅）。

鲁迅、周恩来这两位伟人，都是道州周敦颐的第十世孙周濮之后。鲁迅的小弟周建人曾明确表示："我相信，我们原籍是河南省汝南县。"鲁迅的大弟周作人回忆说："和封建社会的名门望族一样，凡是晚上出行时，都要带上写着'汝南周'的大灯笼"……周恩来确认与鲁迅是同族。1952年，鲁迅夫人许广平曾到中南海西花厅做客，周恩来恭敬地对许广平说："广平同志，排起辈分来，我应该叫你婶母哩。"许广平红着脸说："不敢当，不敢当。"1969年4月，周恩来对周建人说："建老，我已查过，您是我的长辈，我要叫您叔叔。"

• 汝南金氏壮新罗 •

唐代，蔡州（治今汝南）人金忠徙居新罗国（今韩国），被新罗国国王委以重任，并赐姓"南"，改名"敏"，封"英毅公"。1200多年后的今天，韩国南氏家族已发展到30多万人。20世纪90年代以来，汝南金氏后裔，韩国南氏家族的代表，不断有人来汝南寻根拜祖，谱写了一曲汝南金氏与韩国南氏一脉相承、异乡同根的感人乐章。

金忠（712—786），字廷诚，亦作廷臣，21岁考中癸酉科进士，获选为内阁秘书正字，旋提拔为司仓参军，又因明典知律，廉洁刚正，受朝廷重用，一路晋升，由监察御史、礼部郎中、吏部考功员外郎至吏部侍郎、银青光禄大夫。

唐天宝十三载（754），金忠被加授为金紫光禄大夫、门下右侍中，特授按廉使衔，率使团出使日本国。次年乘船返航，行至对马海峡时，遇到强台风袭击，漂泊至新罗国（国土包括今朝鲜半岛大部）被当地渔民救上岸。新罗国王得报后，即下令将金忠一行护送至京都汉城，并给予优厚礼遇。景德王仰慕中国技术先进，文化发达，典章制度完备，遂将金忠一行海上遇险被救的情况书报大唐朝廷，并表明欲留金忠之意。此时的李唐王朝正值"安史之乱"，无暇细究此事，诏允金忠留居新罗国。韩国《南氏遗事》载：新罗国王以金忠自汝南来，赐姓南，改名敏。金忠由此成为汝南金姓移居新罗国的"南"姓始祖。

金忠在新罗国任职以后，协助景德王参照中国的典章制度治国理政，传播中国的经典文化和天文历法、医药、农业水利等自然科学知识，为新罗国发展做出了巨大贡献，受到新罗国朝野上下敬仰，被景德王封为“英毅公”。初食邑于英阳郡，后又因功封其子嗣于宜宁、固城。英阳、宜宁、固城分别为韩国南氏的三大繁衍地。

从公元661年新罗国统一到1953年朝鲜和韩国分治，在这个漫长的历史过程中，金忠后裔兴旺发达，英才辈出。755—1392年之间，在新罗、高丽朝入仕做高官的南氏代表人物有南敏等20人。1392—1910年，在朝鲜、大韩时期入仕为官者灿若群星。他们中：入主“议政府”的有7人，赐“领议政”衔者有2人，被授予国家功臣的有13人，赐有“谥号”的有34人。另据有关史料记载，进入现代后，南德佑曾任韩国国务总理。

金忠入仕新罗国之后，不忘祖国，不忘家乡，在当初他漂泊新罗时下船的地点丑山岛上兴建了“望乡台”。每逢节日，他都要带领家族人等前来祭拜。同时又兴办了汝南书院、汝南讲堂，让南氏后裔们永久保持着学习汉语的习惯。时至今日，南氏后人为先贤筑墓立碑都用汉字。他们在组建韩国南氏大宗会的同时，又以金忠及三个儿子的封地英阳、宜宁、固城为源头，分别建立了南氏宗会。

1990年12月，南氏后裔南润德（哈尔滨铁路局职员）受南氏家族之托，专程到汝南察访，从此，韩国南氏家族和汝南县以及汝南金氏之间的联系、往来频繁起来。

1991年7月，韩国南氏大宗会副会长、宜宁南氏宗会会长南广佑作为韩国南氏的代表，到汝南来寻根问祖。1994年6月，以南广佑为团长，南相烈、南庆熙为副团长的南氏寻根团一行17人莅汝。韩国客人在汝南期间，参观考察了古宜春城遗址及金城台遗址，会晤了当地金氏族人的代表。同年7月，建造了韩国南氏始祖公寻乡碑，表达了韩国南氏家族对始祖汝南金氏的怀念之情。

1995年10月，以韩国宜宁南氏大宗会新任会长南海镕为团长的南氏寻根团一行18人，再次莅临汝南，参观考察了汝南的历史状况和风土人情，拜谒了南氏始祖公寻乡碑，并对在汝南筹建英毅公纪念馆一事进行了磋商。

1996年5月，韩国国际药品工业集团副会长南哲佑先生在南荣先生的陪同下访问汝南，受到县领导的亲切接待和汝南金氏家族的热烈欢迎。

• 汝南袁氏　名扬两汉 •

自西汉高帝四年（前203）始建汝南郡以来，袁氏一族就开始在汝南郡发祥。汝南郡下辖三十七县，地域包括今驻马店市大部，信阳市、周口市、漯河市各一部，安徽省西北部。两汉时期，郡治一直在平舆县。今平舆县后刘乡新集村周庄有袁氏故宅阳城邑遗址。故宅西南450米处有汝阳袁氏的祖茔——袁冢，为平舆县文物保护单位。

寻根溯源，袁姓乃虞舜之胄妫满的后裔。西周初，周武王封妫满于陈（今淮阳）。妫满死后谥号为陈胡公，又称胡公满。其后裔有一位叫妫诸的，字伯辕，其裔孙涛涂，因公赐邑阳夏（今太康），以祖父字命氏，号称辕涛涂，始有袁氏。春秋时，辕氏世袭陈国上卿。涛涂的玄孙辕颇徙居郑国。秦朝末年，其裔孙辕告避战乱徙居河、洛之间。辕姓之一部演为“爰”姓。西汉王朝建立后，辕固生以精通《诗经》名扬天下，又有名臣司隶校尉辕丰。

西汉“七国之乱”时，袁姓杰出人物袁盎（初为爰盎）曾奏请景帝诛晁错以平息众怒。“七国之乱”平定后，爰盎被封为太常，显贵一时。爰盎在汉文帝的时候就官拜中郎将，以直谏名重朝廷，也屡因冒犯天威被外放，一度被贬为庶人。爰盎的侄儿爰种为避祸，改“爰”姓为“袁”姓，名袁政，是为袁姓始祖。袁政十九世孙袁良有二子：昌、璋。袁昌生安。袁安，字邵公，以平断冤狱名重朝野。袁昌卒，袁安遵照慈母嘱托，葬父于汝阳县阳城邑（今平舆境内）袁家三冢的北冢，并落籍于阳城。后来，随着家族的壮大，袁安的后代散居到汝南郡的其他地方。

据传，袁安年轻时家境窘困异常，有一次流浪到洛阳，差一点被一场大雪冻死，幸逢洛阳令将他从死亡的边缘救出，并举他为孝廉，汉章帝初年，袁安出任河南尹，在职十年，政尚慈爱，守正不阿，弹劾不避权幸，被朝廷誉为“孙宝行秋霜之诛，袁安留冬日之爱”，自此扶摇直

汝南袁氏祖墓

上，成为汉室股肱之臣，先后任太仆、司空、司徒等职，位高权重，为一代名相。袁安的发迹靠的是自己的努力，给后人树立了一个庄敬自强、奋力进取的榜样。袁安子袁敞，袁安孙袁汤，袁汤子袁逢、袁隗也都担任过三公的职务。这样，自袁安始，汝南袁氏四代人中先后有五人担任三公的职务，被称为“四世三公”，“四世三公”也成为汝南袁氏荣光的代名词、脍炙人口的佳话。

东汉时袁氏大展身手，成为陈郡、汝南、彭城等地的望族。此后全国各地的袁姓人家大多是从这三个地方分出去的，其中以汝南袁氏人脉最旺。

据《袁氏族谱》记载：袁安的三十八世孙袁志君，因任广东布政使，自江西信丰迁至广东东莞温塘茶园定居，为广东袁氏开基祖，其后裔分居兴宁、梅州、惠阳以及福建等地。粤闽袁氏于清代开始陆续移居台湾、香港，进而徙居泰国、缅甸、马来西亚、新加坡等地。

中国改革开放以来，海内外袁氏族人到河南寻根的越来越多。1999年，香港袁氏汝南堂宗亲总会会长袁雄昆、泰国袁氏宗亲会会长袁经纶均率团到汝南县寻根访问。2004年，香港、广东两地袁氏代表60人回到祖地汝南，参加宗亲联谊活动。

古城印象

——历史在这里回眸

墙砖的斑驳，古木的虬曲，青石板上的车辙，还有夕阳西下时的缕缕炊烟，构成了古城、古镇的绝美画面。而生于斯、长于斯的人们把现代与历史联系在了一起，让历史在这里回眸，让故事在这里生动……

汝宁镇

汝宁镇位于汝南县东北部、汝河南岸，是汝南县人民政府所在地。东西长4公里，南北宽2.5公里，镇四面环河，西距驻马店市32公里。

汝宁镇是一座历史悠久的古城，东晋时名悬瓠城。此后的1500多年，这里一直是历代王朝的郡、州、府、县治所。同时也是驻马店“天中”之谓的滥觞之处。1951年改称城关镇。1987年，因做过明清汝宁府的治所，改名为汝宁镇。城区古建筑现有开元寺、悟颖塔、准提楼、大成殿、城隍庙大殿、北城门、北关古桥、东关大桥等。

汝宁镇作为豫州东南的政治、经济、文化中心和军事重镇，不仅见证了历史的风云变幻，成为诸多重大历史事件的发生地，还是天中文化最重要的发祥地。因此这里就有了“一座悬瓠城，半部天中史”的美誉。

悬瓠二桥

汝宁镇在历史上还有一个称呼：悬瓠城。汝水在汝宁古镇的西、北、东边拐了一个弧形的弯，使得这座城像一个垂悬的瓠子。汝宁作为府治之所，官私车马络绎不绝，于是便有了颇具规模的汝水悬、瓠

汝南古城墙

汝南东关济民桥

二桥。横跨汝水的悬瓠二桥位于汝宁镇的东部和北部，成掎角之势。城东桥又叫济民桥，城北桥又叫弘济桥。

城东济民桥为五孔联拱，线条流畅，形制端秀。桥面两侧各有望柱，截面呈正方形。柱顶石桃为清代修葺时所刻。桥上存有6个明代石雕狮子。柱与柱间镶嵌百栏板50块，分别雕有云纹、雷纹、麒麟、龙虎斗、狮子滚绣球图案以及梅、兰、竹、菊等花卉图形。拱石为竖立状，用白灰、糯米汁浆砌，结构严密。4座桥墩，全部用长方形青石条砌成。每个桥墩的逆水面下有凤凰台，上有分水金刚雁翅（分水尖）和分水兽，为镇桥之灵物。

该桥建于明成化十九年（1483），此后代有废兴。清乾隆年间四川省文县县令，汝南人孙敬斋任满回乡，自捐白银1200两，组织乡绅民众捐银2500两，重建此桥。新中国成立后，地方政府于1952年和1964年两度对此桥进行修葺，至今保存完好。

城北弘济桥因靠近天中山，当地人又称天中桥。弘济桥在形制上与济民桥相仿，该桥于明弘治十八年（1505），由汝阳县知县雷宗与当地居民筹资首建。明万

汝南北关弘济桥

历年间，汝宁府知府黄似华重修。但从现存的桥体构件来看，有很多为元代遗物。有人推断，该桥创建的年代可能远至元末明初。清顺治十五年（1658），汝宁府知府金镇曾斥资修葺。

古镇的牌坊

"汝南固多奇士"，历史上出过不少名人和高官，这些名人和高官在汝宁古镇留下了众多光宗耀祖的牌坊。其中最著名的是北宋才子孙何"三元及第"状元坊以及明代高官李本固、傅振商的牌坊。这些牌坊无论从规模上、建筑艺术上还是从文化承载上看，都要远远超过安徽的古牌坊群。新中国成立前夕，仅镇区内就保留着十五座牌坊：上街五座，二龙里一座，西大街口一座，鸡鹅口街三座，南城门里五座。其中有一座牌坊很奇特，骑着大门立在一户人家的门外。每座牌坊都对应着一位名流、高官，记载着一个脍炙人口的故事。

北宋淳化三年（992），孙何凭借出众的才学，取得乡试第一、会试第一、殿试第一，成为连中"三元"的第一人。令人惊异的是，时隔六年，其弟孙仅又以进士甲科第一名考取状元。时人认为是士林的一桩盛事，有诗赞曰："归来遍检'登科记'，未见年年放兄弟。"乡人感到无比荣耀，在县学门前立起一座高大古朴、巍峨壮观的跨石雕牌坊，世人称"状元坊"。如今，这座状元坊仍然屹立在汝宁镇，昭示着天中人的一分骄傲。

小南海

出汝宁镇南城门不远，就是南湖公园所在。这里古时候叫小南海，是古代汝南有名的游览胜地，围绕着宽阔的水面，四周分布着园艺学校、八角亭、悟颖塔、南海寺等风景名胜和古建筑群落。宋人的一首诗"梨花风起正清明，游人寻春半出城；日暮竹歌收拾去，万株杨柳属流萤"就是当时小南海风光的写照。

当时的南海寺已经很有名气。寺院坐南朝北，山门是三间大殿，进入正殿要上十多级青石铺就的台阶。正殿中敬奉着南海观音，这里四季香火滋盛，每到农历二月十九（传说中观音菩萨的生日），周边数县的香客都来这里进香、赶庙会、看大戏。20世纪80年代，汝南籍高僧明乘法师带着他与师父白圣长老一生积攒下的功德钱从台湾回到家乡，决心重修南海寺，90年代开工建设，并修建舍利灵塔，将师父骨殖迎回故里安葬。

南湖书院

清雍正元年（1723），名噪一时的中天书院迁至汝南的小南海之巅，改称“南湖书院”，并增设假山，广植斑竹，镌刻颜真卿手书“鸢飞鱼跃”四个大字于湖心亭匾额之上；汝宁府所属各县士子进院读书，月给膏火。书院设山长一人，每月课士三次，按等给奖。

乾隆皇帝南巡途经汝南，对小南海的景观颇为赞叹，于是即兴挥毫，御书“登瀛”二字，更为小南海平添几分韵致。由于当朝皇帝垂怜，知府王锦直在乾隆十四年至二十二年（1749—1757）曾多次斥资修葺。光绪三十一年（1905），清政府提倡“新学”（不以科举为唯一目的，增设自然科学和实业内容，谓之新学），南湖书院一度改为汝宁府中学堂。该校设置园艺课程，故成为汝南园林学校的前身。

小南海石刻

准提楼

准提楼位于汝宁镇城南小南海旧址，现汝南园林学院院内，北距护城河约40米，西与悟颖塔隔水相望，风景宜人，是小南海古建筑群中仅存的四座古建筑之一。

明嘉靖二十四年（1545）大旱无雨，河枯地裂，五谷不生，崇庄王为祈雨灵应，奉皇上诏令兴建此楼。准提为梵文译音，意思是“清净、洁白”，宜菩萨安居，意在祈求菩萨播撒喜雨，降福人间。明末，后堂的僧室、走廊俱毁于大火。清顺治八年（1651），准提楼于旧址上重建。殿顶为单檐九脊歇山式建筑，上覆绿色琉璃瓦，正脊两边的琉璃瓦上镶有花卉、龙凤、海马、瑞兽等图案，其上中置一宝瓶，两端置龙首大吻。檐部瓦当上设置滴水，有游龙图案，筒瓦之上各饰有半尺高的釉佛，计218个，形象生动，栩栩如生。檐下置重昂五彩斗拱，殿壁为四面清灰砖墙，殿门左右各开两扇窗户，后墙也开有两扇窗户，皆为正方形。

1951年、1959年汝南县人民政府曾两次对准提楼进行维修，使之保持着清初时的建筑特点。虽久经风雨剥蚀，准提楼依然仪态庄重、古朴壮观。该建筑为明清寺庙建筑风格及地方历史提供了珍贵的实物资料。

■《天中山碑》与《平淮西碑》

《天中山碑》指的是唐朝德宗年间由大书法家颜真卿为天中山所书写的一块字碑，正是这块字碑让后人知道汝南城北一公里半处一座上土下石的高台就是周公测景定天中的天中山。此碑作于784—785年，是最早记录天中山周公测景定天中的文献史料。天中山碑现有横竖两通，竖碑高2.85米、宽0.9米、厚0.23米，碑文为“天中山”三个大字。每字字径约0.55米。横碑由三块方碑组成，每块边长0.88米，厚0.16米，每块含一字，组成《天中山碑》。竖碑碑石右侧刻有“周公营洛建表测景，豫州为天地之中，汝南又为豫州之中。颜真卿书”。原碑于明正德年间毁于战火，重刻于明嘉靖年间。是以明信阳人何景明（“前七子”代表人物，官至陕西提学副使）摹本所重刻。但明清至今有人怀疑天中山碑非颜真卿所书，而是明人借唐颜真卿之名伪作。原因很简单，在明以前没有文字提到天中山碑是颜真卿之作。然而历史上并非没有留下蛛丝马迹，最近研究天中文化的学者就在一首古诗当中找到了证据。这便是金末元初文学家王寂的《蔡州》。王寂曾任蔡州（治今汝南）防御使，在蔡州生活三年。

颜真卿书《天中山碑》

其诗《蔡州》（节选）就侧面告诉人们颜真卿书写《天中山碑》的事实：

悬瓠城雄壮，登临写客怀。
九州惟古豫，千里控长淮。
…… ……
颜笔龛尘壁，裴碑瘞土阶。

卜蟾闻迈志，系鳖近齐谐。

其中“颜笔龛尘壁，裴碑瘗土阶”中的“颜笔”（指颜真卿所写的天中山碑文）还镶嵌在布满尘土的墙壁中，而裴碑（指韩愈所作歌颂唐丞相裴度的平淮西碑，也称裴碑）已掩埋在碑基的废墟之中。这也告诉后人，颜真卿书写的《天中山碑》在元初还完整地保存着。所以说天中山碑系后人伪作之说不攻自破。如果说颜真卿所书《天中山碑》的价值对于驻马店历史是极为重要、不可替代的话，还有一通石碑则名震天下，尽人皆知。这块碑就是《平淮西碑》。

平淮西碑立于汝南城北门外，“碑高三丈字如斗，负以灵鳌蟠以螭”，记录唐元和十二年（817），朝中重臣裴度挂帅，部将李愬领兵，乘风雪之夜突袭蔡州，活捉叛魁吴元济的重要史实。该碑是汝宁镇众多文物中的重宝。

为了表彰裴度、李愬平叛的功勋，唐宪宗授意大文豪韩愈撰文立碑，以志纪念。碑文拟定后，精选勒石名师镌刻，立碑于汝南城北门外天中山脚下。一时观者如云，传为盛事。

然而，让人料想不到的是，平淮西碑立后不久，便被李愬的部将石孝忠“长绳百尺拽碑倒，粗砂大石相磨治”（引自李商隐诗《韩碑》）。这还不算，石碑被拽倒之后，仍不解气的石孝忠又亲自挥锤将其砸断。平淮西碑是遵旨而立，石孝忠之举实乃触犯天条，罪不容赦。可是，当官吏前来抓捕时，石孝忠非但不束手就擒，反而动手打死一名吏卒。

那么，石孝忠为何无法无天到这种地步呢？原因就出在韩愈的文章中。

原来，李愬雪夜入蔡州，活捉吴元济，这在当时是件轰动全国的大事。韩愈写碑文时，将平淮大功尽归于丞相裴度，且多处将降将骂为“贼将”，如“入其西，得贼将，辄释不杀，用其策，战比有功”。正是这些文字引起了前方将士的不满。按照常理，作为一名下级军官，石孝忠是不该也不敢如此胆大妄为的，可是在石孝忠的背后站着李愬这位大功臣，在李愬的背后，还站着他的老婆——当朝皇帝的姑表妹。正是宪宗皇帝的表妹看到自己的丈夫受了“委屈”，一路闹将下来，最终闹得皇表兄无计可施，只得下旨让翰林大学士段文昌重写碑文，这才了却了一桩讼事。

可是，事情并未就此完结。宋朝开国后，蔡州第一任知州上任，他所做的第一件事情，就是把矗立在城北三公祠（为纪念裴度、韩愈、李愬所建）里的段文昌版《平淮西碑》抬出，令工匠把碑文磨掉，将韩愈版碑文重刻其上。这样一来倒是为韩愈解了气，可是又委屈了段先生。平心而论，段文昌的那篇碑文也应该算是一篇好文章，苦就苦在他的对手是重量级作家韩愈，而命令他与韩愈比试一番的那位长官不是别人，而是皇上。

一千多年以前，苏东坡去湖北黄州赴任路过蔡州，凭吊《平淮西碑》颇有感慨，留下七律一首：

淮西功业冠吾唐，
吏部文章日月光。
千古残碑人脍炙，
不知世有段文昌。

欧阳修最后的书斋

北宋的大文学家、史学家欧阳修生命中最后的日子，是在蔡州度过的。令蔡州百姓引以为豪的是，他们的祖上曾经是欧阳修的近邻。相传，欧阳修的书斋位于汝宁镇，曾是一处精致的园林。

欧阳修于宋熙宁三年（1070）来到蔡州治所，到任后给皇帝写了一篇《知蔡州谢表》，称赞蔡州“惟古豫之名邦，控长淮之右壤，土风深厚，物产丰饶”。感谢皇上让他到了这么好的地方，表示很乐意在这里再献绵薄之力，颐养天年。实际上，欧阳先生在汝宁的这两年，确是他生命中最愉快、最充实的时光。先生抵蔡之后，立刻被蔡州丰富的古文化典籍所吸引，遂着手加以整理。与此同时，欧阳修对蔡州境内的伏羲画卦亭、孔子晒书台、子路问津处等重点文物进行访查，并视情况加以保护和修缮。为了纪念这段时光，欧阳修将自己用了几十年的“醉翁”之号改为“六一居士”，即“有《集古录》一千卷，藏书一万卷，有琴一张，有棋一局，有酒一壶，有一老翁乐于其间”的“六一居士”。

蔡州任上，欧阳修经常邀朋友饮酒赋诗，留下许多名句，如：“子美生穷客愈贵，残章断稿如琼瑰”“一饮百盏不言休，酒酣思逸语更遒”“岂无樽酒当佳节，况有朋欢慰病颜”等。他还利用自己的名望，邀请天下名流到蔡州讲学传经，黄庭坚、秦少游、苏子由都曾经是他的座上客。其中，诗文兼工的黄庭坚，在一次赴任途中，经蔡州，拜访欧阳修，和他一同览天中名胜，叙知己之情，竟然误了任期，受到上司的责骂。黄庭坚一怒之下辞

曾在蔡州为官的欧阳修

官归乡，一心做学问去了。

值得一提的是，欧阳修故去十八年之后，他的二儿子欧阳棐（字叔弼）也来到汝宁，做了一任蔡州知州。欧阳叔弼来到汝宁不久就发现这里地瘠赋重。原因是当时的转运使为了自己的晋升，擅自加重对百姓的搜刮。叔弼秉公行事，亲自下令废除了转运使私加的苛捐，当地百姓无不拍手称快。但时隔不久，叔弼便遭奸佞诬告，归乡为民。十年后郁郁而终。

欧阳修在汝宁镇完成了74卷《新五代史》的最后部分，之后集中精力完成了中国有史以来第一部金石考古专著——《集古录》。该专著多达1000卷。“将周、汉以来金石遗文，断编残简，一切掇拾，研稽异同，立说于左”。内容包罗万象，广泛至极。完成皇皇巨著《集古录》之后，欧阳修自感已是风烛残年，在熙宁四年（1071）五月又给皇上上了一道奏折——《蔡州再乞致仕表第二》，恳求皇上让其“还车故里，披裘散发，逍遥垂尽之年”。宋神宗看后感怀不已，诏准欧阳修以太子少师衔致仕。

古镇的风味小吃

汝宁镇的特色小吃品种很多，而且风味独特。二龙里天兴斋的南糖素有名气，有寸金糖、荸荠糖、牛皮糖和麻片四种，前两种都是用灶糖做皮，香甜酥脆。牛皮糖含有芝麻，呈花卷状，不粘牙，久放也不会变硬。麻片很薄，吃后回味悠长。东门里的“尹利”果品店以匣果闻名于邑。果匣是用木板做的，盖子可拉可推，里面装着八到十种点心，如大、小金果，芙蓉糕，水晶饼，米果，樱桃丸，桃酥等点心，分别叫“八大件匣果”和“什锦匣果”。果匣外还贴有喜帖，是亲戚朋友日常礼节往来的佳品。

东西大街中段高井台附近有“董大法”酱菜铺，以五香大头菜、五香豆腐干和清酱油驰名，至今还是地方名产品。正宗的五香豆腐干有一寸见方，十分之一寸厚，每块豆腐干的四周都有布压的印痕，每块豆腐干都是单独压制成的，一块五香豆腐干的制作工序有十几道之多。豆腐干做好后装在油纸糊好的小竹篓内，每次取食后仍用油纸封好篓口，可以长吃不坏。

汝宁镇的五香咸兔肉（又名风干野兔）远近闻名，制作起来工序繁杂，工艺讲究。制好后切成大块摆在平底竹篮里，走街串巷叫卖，一般人家的大人小孩都吃得起。

汝宁镇的咸豆腐脑也别有风味，其用料有黄花菜、粉皮、樱桃丸等十多个品种，先用高汤煨好，再勾上粉芡。盛到碗里再淋点小磨香油，顿觉香味扑鼻。辣椒和醋也是备好了的，但要听凭顾客吩咐，再作添盛。

古镇的玩意儿

每逢传统节日，汝南街头都有各种玩意儿展览，以过年时为最多、最齐全。要从年里一直玩到二月二“龙抬头”才告一段落。例如，踩高跷、舞龙灯、跑旱船、推小车、抬花轿、耍狮子和玩搁阁等。其中玩搁阁在别处是轻易见不到的。扮搁阁的都是十岁左右的童男童女。他们化妆后穿上戏装，各自坐在一个特制的铁丝筐里，扮出来的人物上半身是他本人，下半身却是假的。铁丝筐靠一根弯曲的铁棒固定在一个身强力壮的汉子身上。扛搁阁的汉子也身穿戏装，把小孩高高举起，让人们都能看得到。搁阁童子扮演戏曲中的各种人物，如《断桥》《鹊桥会》《西游记》《西厢记》中的人物等，皆是人们耳熟能详的人物形象。演出中，“白娘子”一只脚踏在一条白蛇身上，另一只脚在空中来回晃动；“小青儿”脚踏一条青蛇；“许仙”踏的是一把伞；“孙悟空”站在一棵结满桃子的桃树上，不时地翻跟头。

因玩搁阁的本钱高，一般要大的商家和财主出钱置办戏装行头、雇请演员，所以要到重要节日才能看得到。

• 蔡都古镇 •

蔡都古镇就是今天的上蔡县城，位于驻马店市东北30公里处，历史悠久，文化灿烂，是河南省十大古城之一。镇内名胜古迹众多。蔡国故城是全国重点文物保护单位。故城西城垣上有蔡侯望河楼，又名重阳登高处，是历代文人雅士聚会之地，留下诸多脍炙人口的诗篇。

蔡国故城位于今上蔡县蔡都镇蔡侯路西段，始建于3000年前的西周初年，经首任蔡侯叔度和第二任蔡侯蔡仲（名胡，蔡侯叔度的儿子）之手，奠定了蔡国故城的基本规制。城垣高约10米，周长10 490米，护城河宽约百米，其规模之宏大，工艺之考究，在当时的诸侯国都邑中堪称一流。

周朝初年，武王把弟弟叔度封于蔡地，让他与管叔、霍叔一起监管殷的遗民，合称“三监”，也称“三叔”。武王死后，其年幼的儿子姬诵继位，称为成王，武王的弟弟周公姬旦临朝摄政。“三叔”担心周公篡夺天子之位，就号召姬姓诸侯和朝中大臣讨伐周公。这时，武庚趁机叛乱，周公奉成王之命兴师讨伐，攻破蔡都，平定了叛乱。事后周公将叔度放逐。叔度不久即死于迁所。初具规模的蔡国都城毁于一旦。

周成王五年（前1038），周公鉴于叔度之子姬胡（蔡仲）在鲁国担任卿士期间，能够以父为戒，修德训善，政绩优良，便奏请成王将胡改封于蔡地，爵位是“伯”。蔡仲到了蔡地，一边处理政务，一边启动了蔡邑修建工程。蔡仲麻布草鞋，亲自参与复建工程设计，参与旧城废墟清理的劳动，令百姓们十分感佩。由于民工士气高昂，城建主要工程两年就完成了。

新修的蔡国都城，南面三门，东面、西面、北面各两门，共九门。蔡侯的宫殿区坐落在蔡城的中央，高出地面约3米，周

蔡国故城城墙

围流涧环抱，城内有居民区、街道和制作各种器物的作坊，规划得井井有条，堪称西周初年城市建设的典范。

蔡邑落成后，蔡仲召集文武大臣，举行祭天大典，表示对周王室的忠诚。此后，古蔡国在蔡仲的手上经历了一个平稳兴旺的时期，史称“蔡仲复兴”。蔡都镇现存蔡仲墓，墓前刻有《蔡仲之命》《蔡仲之墓》等石碑三通。蔡仲墓为省级文物保护单位。

蔡侯望河楼位于上蔡县蔡国故城西城墙上，为县内海拔最高处。望河楼身居高台，玉树临风，春季柳绿花红，夏季古木蓊郁，秋来浮光跃金，冬至银雕玉砌。

蔡侯望河楼玉皇庙

晨钟暮鼓，紫艳红霞，善男信女，络绎不断，系古代上蔡八景之一——芦岗拥翠，历来为登临胜地。

蔡侯在卧龙岗中部营都设邑。那时候，卧龙岗以西还是一个巨大的湖泊，登上卧龙岗西望，景象异常壮观，首任蔡侯在此处兴建楼台，以观风景，当在情理之中。此后数千年间，历代王侯屡增其制，蔚为大观。

现存蔡侯望河楼的建筑别具一格，其山门和主殿不在一条轴线上。月亮形山门（即一道门）朝东，以迎东来紫气，第二进院门口雕花门楼，琉璃瓦顶。院内依次是送子殿、火神殿、佛祖殿，分别供奉着送子娘娘、火神爷、如来佛祖、观世音菩萨。各殿阙雕梁画栋，肃穆庄严，可见“送子神童”“龙凤呈祥”“双龙戏珠”“红鲤戏莲”等图案。紧邻佛祖殿的是城隍殿，城隍殿前有一棵高10余米、树龄逾300年的合抱之柏，为国内罕见。

第三进院落是主体建筑玉皇庙，为明代建筑物。殿脊呈黄釉卷龙形式，具有很高的艺术价值。殿堂中央供奉着主宰万物的玉皇大帝，穹隆顶部悬置一块二尺见方的琉璃珠砖雕，图案上的尊神长发披肩，银须飘然，一手托八卦图，一手执大钺，他就是周朝开国元勋姜太公，封完诸神，自己却没了位置，只好将就着住在这方寸之间。

自东汉起，望河楼被赋予登高辟邪、喜庆重阳、祈福益寿的美好寄托，游者益众。3000多年来，无数文人墨客在此留下了饱含情思的辞章。

李斯井

秦丞相李斯在上蔡的故居有两处：一处位于蔡都故城东门里东西大道路北（今上蔡一中一带），面积约5000平方米。另一处位于上蔡县城西南5公里处的李斯楼。其县城故居处至今尚有一口古井，后人尊称为“李斯井”。李斯年少时曾在此汲水灌园，井旁立“斯井”碑一通，碑文曰：“斯少时曾于宅内掘井灌园洎斯腰斩于咸阳乃有井上鸡鸣之异。”唐代著名诗人贾岛来到上蔡专为此井赋诗一首：

李斯井

井存上蔡南门外，置此井时来相秦。

断绠数寻垂古甃，取将寒水是何人。

所谓“井上鸡鸣之异”是流行于上蔡民间的一则传说：李斯死后，其故居每当子夜时分，常有雄鸡在井边哀鸣，其声凄楚。有卜巫之士推测，因李斯生于酉年酉月酉时，又死得冤枉，故化作雄鸡，引颈哀鸣，倾诉冤屈。后有贤达之人感其事，为之立碑勒铭，用以寄托对“千古一相”的无限哀思。有诗曰：

千载东门旧相秦，劫灰烧烂已成空。

爨烟消雪犹余井，粉黛招晨尚洎晨。

后来“井上鸡鸣”成为“古蔡八景”之一。

天下第一井

• 古吕镇 •

古吕镇即新蔡县城。早在4000年前虞、夏之际，伯夷佐大禹治水有功被封于此，称古吕国。古吕镇的名称即源于此。春秋周景王十六年（前529），蔡平侯复国，但楚王已占领上蔡旧邑，蔡平侯遂设邑于古吕地，取名“新蔡”。古吕镇境内保存至今的文庙大成殿、大吕书院、仁义巷、辛亥革命烈士纪念祠等，是当地重要的历史文化名胜。

文庙大成殿

元大德八年（1304），新蔡文庙始建

新蔡文庙大成殿

于新蔡古城东门外路南，主要建筑设施有大成殿、孔子铜像、黉学、明伦堂，是历代“宣教化、育贤才、善民俗”的神圣之地。元末倾圮。明洪武十一年（1378），经知县应宗毅重建。天顺元年（1457），教谕汪正言以其偏僻不便，奏请由城东门外路南迁至路北；正德十二年（1517），知县刘汉又以文庙在城外有欠尊重之由，迁文庙于城内，增建学宫（礼堂）。明末复遭兵火。清顺治、康熙年间，四任知县接力修葺，并添置祭器、舞乐等，庙容焕然一新。

民国时期，时局纷乱，文庙频遭破坏，庙中文书、乐器、祭器、舞衣等尽皆散失，奎星楼、文明楼及部分祠、亭、斋、廊倒塌，石碑、石门、龙门损毁，院中部分古木被伐。各种教化活动时断时续。

新中国成立后，这里重新办起完全小学。大成殿虽历经沧桑，仍保持古代建筑风貌，现列为省级文物保护单位。

仁义巷

“仁义巷”位于古吕镇老城西街中段北侧，始成于明代。相传，明代中期此地商业兴起，殷商富贾来往频繁。湖北客商胡氏卜居老城西街中段北侧，开设易和同商号，西与曹家大院相邻。后因地界产生纠纷，双方互不相让。新蔡名绅富户分别偏袒一方，加剧了纷争，几经官府审理不得了结。此后，曹家捎信给在京城做都察院右副都御史的亲属曹凤诉其事，曹凤以睦邻友好为计，回信说：“千里捎书为一墙，让他三尺又何妨。万里长城今犹在，

新蔡仁义巷

不见当年秦始皇。”曹家收到回信后，遵照而行，主动让出三尺地面，并立墙为界。胡家对此颇有感悟，遂效仿曹家，也将商号院墙后退三尺。于是，这里出现了一条宽六尺，长达三十三丈的笔直小巷。之后，曹家科甲不绝，胡氏生意更旺。这条小巷承载着“宽厚仁义”的德训，成为古吕镇一景。

大吕书院

大吕书院位于古吕镇老城东北隅，现为今是中学所在地。这里古有一处涌泉，其水清洌甘甜，宋人建庙祭之。明嘉靖年间，王纮增其制，凿井筑台，栽花植松，邀友人题诗作碑。其子王惟善又垒石为山，增建亭榭，命名曰“望岳园”，此地遂成胜景。文人骚客纷至沓来，咏诗作赋，俱载邑乘。明末，望岳园毁于战火。清康熙三十年（1691），知县吕民服捐俸银二十五两，将望岳园旧址购为官宅，并在此兴建“大吕书院”，建房九栋七十二间。最前为大门三间，中为过道，两边是耳房。进了大门，甬道两侧各有两座斋房，东曰“居仁”“成德”，西曰“由义”“达材”。院内中间讲堂三间，名典礼堂；后面书房三间，名时雨堂。这些均为歇山式建筑，雕花门窗，宽敞明亮。室内供奉着吕侯、伯夷等名人塑像。

大吕书院建成后，历届官员常邀请文化名人来此讲学。1928年，辛亥革命志士任芝铭在此创办“今是学校”，后改名为“今是中学”，最盛时在校学生达两千余人，是当时新蔡规模最大的学校，学生来自豫、皖两省十一县，为地方培养了大批人才，也向延安抗日军政大学输送了一批革命青年。

辛亥革命烈士纪念祠

辛亥革命烈士纪念祠位于古吕镇今是中学附属小学西北隅，是全省为数极少的辛亥革命纪念性建筑，具有很高的历史价值和纪念意义，2007年进入全省首批古代及近代民间建筑保护名录。

清朝末年，新蔡是河南地区辛亥革命的重要策源地，有“辛亥风流冠中原”之誉，先后有100多人加入了孙中山领导的同盟会（其中，有确切姓名可考的118人）。刘积学、刘粹轩分别被推选为河南留日学生同盟会支部长、河南省同盟会支部长，担当了全省辛亥革命的领导重任。新蔡籍同盟会员约占全省之半，是全省唯一建立同盟会支部的县。新蔡人参与组织领导的淮上军、秦豫联军等革命武装，给清军以沉重打击。阎梦松、刘粹轩等八位同盟会员，先后为推翻帝制、建立和保卫共和献出了宝贵生命，成为著名的辛亥烈士。

抗战前夕，任芝铭等为弘扬辛亥革命精神，教育激励后人，呈请南京国民政府批准，拟为阎梦松、刘粹轩等辛亥英烈合建纪念祠一座，旋因抗战爆发而搁置。1940年夏始破土奠基，次冬落成，翌年三月二十九日奉主入祠。主祀阎梦松、刘粹轩、单锡嘏烈士，附祀陈鸿猷、杨英彦、王龙韬、马汉杰烈士。纪念祠主体建筑五间，东西厢房各三间，西邻北大街，北依护城河，砖木结构，高台建筑。大殿正门上有任芝铭亲书“烈士祠”门额和“崇功报德告慰忠魂幸为余生偿宿愿，救亡图存责在双肩未敢后死易初心”楹联。

新中国成立后，该祠被改造为阁楼式建筑，先后作为中共新蔡县委机关会议室、县委老干部局文娱活动室，得到较好的保护和利用。2005年以来，县财政投入

辛亥革命烈士纪念祠

资金，部分恢复了烈士祠原貌，更名为“辛亥革命烈士纪念祠”，以利瞻仰。在烈士灵位上补录了龚保志、任环两位烈士，增设了烈士简介和同盟会会员名录。

• 仪封古镇 •

西平县仪封镇是一个有3000年历史的古老集镇，2500年前，大思想家、教育家孔子曾两次到仪封设坛讲学，留下了“少年三难孔圣人”的民间趣话。

春秋时，孔子周游陈蔡期间，和他的弟子们来到蚁丘（今仪封镇）歇脚。附近的老百姓听说孔子来了，纷纷上前围观，有的干脆登上屋顶观看。

有一个小孩儿叫王三官，正与小伙伴玩泥土筑城的游戏，孔子的车过来了。弟子颜回说：快让开，圣人的车过来了。王三官拍了拍身上的泥土，就走到孔子的坐车跟前，问车夫道：是你的车躲我的城，还是我的城躲你的车？车夫不解其意，就向孔子报告了这件事。孔子觉得这个小孩儿提出的问题很有意思，就回答说：应该是我的车躲你的城，不能让你的城躲我的车。

这时，从附近的万泉河里传来一阵鹅的叫声。小孩灵机一动，又问孔子：鹅的声音怎么这么大呢？孔子回答说：鹅的脖子长，所以声音大。小孩想了想说：青蛙的脖子短，声音咋也那么大呢？孔子无言以对。

少年三难孔圣人

仪封古村孔子走过的古桥

小孩意犹未尽，看到路边有棵柏树，再问孔子：柏树为啥冬天不落叶呢？孔子说，柏树木材坚实，叶子小，所以不落叶。小孩粲然一笑，问：竹竿叶子大，竿是空的，为啥也不落叶呢？孔子又被难住了。这就是发生在古仪封的少年三难孔圣人的趣谈。

孔子由这件事看出仪封人勤学好问，就先后两次在仪封设坛讲学。后人为了纪念孔子的圣迹，在孔子讲学的万泉河西岸修建了封人见圣祠，并兴办义学，使尊孔重教之风在仪封弘扬光大。至隋唐年间，这里便成为远近驰名的戏曲歌舞之乡。明清时仪封农民画和仪封虎已誉满乡里。清康熙年间，仪封镇又出现了梆子戏班、曲剧戏班和越调戏班，三百多年来代有承续，相袭成风。每逢吉庆佳节，仪封镇的民间社戏活动热闹非凡，大铜器表演更是不可或缺。周边数十里的百姓结队前来观看，致使仪封镇成为交易活跃、店铺林立、客商云集的商业重镇。民国时期，李运亭、张秀卿、申凤梅、毛爱莲等名角大牌在仪封设帐演出长达八年。新中国成立后，仪封村曲剧团、豫剧团仍相当活跃，常年在西平县和周边县市演出。全镇4000多口人，有一半以上喜爱打大铜器，喜爱表演民间舞蹈。

“文化大革命”中，封人见圣祠等古建筑被拆除，大铜器和其他民间艺术道具、器材被毁，传统文化活动一度陷于沉寂。但是仪封人心中的圣火却没有熄灭。改革开放以来，仪封人不仅全面恢复了原有的文艺行当，而且开办了杂技、现代歌舞等新的文艺项目，他们重新找回了昔日

仪封孔子办学圣地

的感觉，成为新时代文明的建设者。

2006年春天，仪封古镇上喜爱美术、书法、剪纸的农民组织起来，成立了仪封农民书画院，他们创作的具有鲜明特色的美术作品，成为书画市场上的新宠。

• 竹沟镇 •

竹沟镇位于确山县西部35公里处，确泌公路（省道206线）北侧，西依伏牛山，南接大别山，东望淮北平原，战略位置重要，自然风光秀美，有豫南“小天府”之称。2008年住房和城乡建设部、国家文物局联合命名其为“中国历史文化名镇”。主要景观有竹沟革命纪念馆、竹沟革命烈士陵园、“小延安”街、新四军训练场、沿河公园等。目前，驻马店市已将竹沟镇列为全市新农村建设示范点，意在打造集革命圣地与秀美风光于一体的旅游胜地。

竹沟河自西北山区而出，迤逦绕过竹沟镇的北面、西面、南面，向东南注入薄山湖。春秋战国时，楚国在竹沟镇南面的山脊上修建了绵延百里的楚长城。明清时期朝廷在竹沟镇驻军巡守，并设有巡检司衙门。整个民主革命时期，这里是中国共产党重要的革命根据地。大革命时期，这里建立了豫南地区最早的中共地下组织。三年游击战争期间，这里是中共豫鄂边省

央视网

《竹沟镇——勇于开拓　敢为人先》

竹沟古镇

委驻扎地、豫南红军游击队的指挥中心。抗日战争时期，竹沟镇又成为中共中央中原局、河南省委、竹沟地委、竹沟县委四级红色政权所在地，新四军四师、五师的主要发源地。因此，这里被誉为“小延安”。

竹沟湖畔栖凤凰

竹沟镇东北一公里处有竹沟湖。湖畔的主要山头分别叫凤凰台、东凤凰棚、西凤凰棚，记载着竹沟湖与凤凰神鸟之间的一段佳话。

相传，古时候，兵家始祖姜子牙看中了这块地方，曾长期在竹沟湖畔垂钓休闲，天上的凤仙子和凰仙子按王母娘娘的旨意，来到姜子牙门下研修六韬三略，以助人间之事。天长日久，两位仙子萌生了恋情。姜子牙起初并未多加干涉。不想一年后，凰仙子生下一子，美丽异常。姜子牙又高兴，又着急，正琢磨着如何向王母娘娘交代时，土地爷抢先向玉帝举报了此事。王母娘娘盛怒之下，命凤、凰二仙子回天宫禁闭自省；令小仙子合其父母之名，叫凤凰童子，雌雄同体，现出原身。姜子牙被废除道行三千年，并受命监护凤凰童子。

凤凰童子读书之余，曾到附近的山头玩耍。其羽毛五彩斑斓，金光闪耀，瑰丽无比。目睹的百姓认为是神鸟降临，是千载难逢的祥瑞之事，遂在凤凰逗留过的几个山头上精心搭建了凉棚、亭台，祈望凤凰神鸟常驻。后来，姜子牙和凤凰童子衔命回天。竹沟湖畔因得到凤凰神鸟的恩泽，长年风调雨顺、人寿年丰。山民们怀念凤凰，把自己居住的村庄称作凤凰山、凤凰台、凤凰棚。

革命圣地“小延安”

早在第一次国内革命战争时期，共产党人就在竹沟点燃了革命烽火。抗日战争爆发前后，确山人民以竹沟为中心，展开了艰苦卓绝的抗日游击战争，成为中共在中原地区发展的一个重大阵地和战略支撑点。1938年中共六届六中全会后，竹沟镇被确定为新成立的中共中央中原局所在地。刘少奇和朱理治、彭雪枫、李先念、张震等无产阶级革命家相继来到这里，把竹沟镇经营成革命堡垒、红色摇篮。根据革命需要，党组织在这里举办了多期政治、党务、军事、医务、电讯培训班，为全国抗日前线培养了大批急需人才和领导干部。竹沟镇一度成为全国（特别是中原

刘少奇在竹沟的故事

竹沟革命烈士纪念碑

各省）爱国青年、知识分子向往的革命圣地，被誉为“小延安”。竹沟创办的红色刊物《小消息报》《拂晓报》，红色文艺团体“孩子剧团”“拂晓剧团”在革命斗争中发挥了重大作用。范文澜、嵇文甫、王阑西、高维进、鲁坎等著名教授、学者、艺术家就是从竹沟走向全国各地，走向抗日最前线。

李先念在竹沟期间，任豫鄂边区党委军事部长，军事委员会副主任，新四军豫鄂独立游击支队司令员。他带领300余人从竹沟出发挺进四望山，组建了新四军第五师。此后竹沟不断派出干部和子弟兵为五师补充兵员。新四军四支队八团队，新四军第四师和第五师的基干部队，都是从这里出发，会合各地党所领导的抗日武装发展和壮大起来的。“竹沟惨案”以后，确山竹沟地区孤山冲革命根据地依然是新四军五师的大后方。在李先念的领导下，孤山冲那里建起了抗日军政干校、兵工厂、后方医院、日军俘虏训练营等。1945年8月，经李先念反复争取，在正阳驻防的国民党豫南游击第十三纵队7000余武装通电全国，宣布起义，接受新四军改编，成为五师的武装力量。在中原突围中，竹沟和确山的人民掩护了大批五师掉队人员，为革命做出了重大贡献。

解放战争中，确山及竹沟的党组织组织当地人民群众配合刘邓大军、陈谢兵团作战，为革命做出了出色的贡献。

新中国成立以后，为纪念竹沟革命老区人民做出的重大贡献，当地于1957年成立了“确山竹沟革命纪念馆”，对原中共中央中原局、中共河南省委旧址实施保护，并先后建立了竹沟烈士陵园、竹沟革命纪念碑。国务院总理周恩来为纪念馆题写馆名，宋庆龄、李先念、习仲勋、朱理治等分别写贺信、贺词、回忆录等。1984年，李先念为竹沟革命纪念碑题写碑铭。

竹沟革命纪念馆

纪念馆位于竹沟镇小延安街。纪念馆匾额系周恩来题书。这里曾是中共中央中原局、河南省委、竹沟地委和新四军竹沟留守处所在地，新四军二、四、五师主要骨干和三、七师部分骨干均由此走出。老一辈无产阶级革命家刘少奇、彭雪枫、李先念、张震等都在此留下战斗的足迹。院内石榴树为刘少奇亲手栽下，至今仍枝繁叶茂。刘少奇住室等建筑保存完好，陈列着一批重要文物。1988年竹沟革命纪念馆被国务院公布为全国重点文物保护单位，系国家AAAA级红色景区、全国红色旅游经典景区、全国爱国主义教育基地、全国青少年思想教育基地。

竹沟革命烈士陵园

竹沟革命烈士陵园位于竹沟革命纪念馆北15公里处。陵园依山傍水，坐北朝南，占地9.4公顷。1960年动工兴建，“文化大革命”中停建。1982年全园修葺如新。主体建筑包括烈士公墓、烈士纪念碑、纪念祠、纪念坪、烈士事迹陈列馆等，是重要的爱国主义教育基地。

竹沟革命纪念馆

考古探秘

——揭开历史的神秘面纱

仰望星空，我们时常会放逐思绪，去揣测生命的来源；手捧史册，我们一次次掩卷沉思，去追索先民的足迹。而考古，就是一条神秘的时光隧道，可以引领我们走进早已逝去的岁月，从而揭开了历史的神秘面纱。

早在旧石器时代，驻马店境内就有人类的活动。新石器时代文化遗存星罗棋布，内含裴李岗文化、仰韶文化、大汶口文化、屈家岭文化及河南龙山文化和二里头文化遗存，说明史前时代这里是中原华夏部族文化与江南苗蛮部族文化相互交流、融合的地区，是中国早期农业文明典藏丰富的宝库。对于春秋战国时期文化遗存的发现，则证明这里是中原文化与荆楚文化交会之所，是战国时期天下最重要的兵工基地，又是中国长城文化肇始之地。

• 杨庄遗址 •

杨庄遗址位于驻马店市区西南约6公里练江河北岸的二级台地上。1983年由驻马店市文物普查工作队进行文物普查时发现。1985年被确认为新石器时代古文化遗址。1992年北京大学考古系与驻马店市文物保护管理所联合对遗址进行了发掘。该遗址发掘大体分为三期，分别对应的古文化类型为石家河文化、河南龙山文化和二里头文化。出土文物种类多样，数量巨大，文化内涵相当丰富，在全国考古界引起强烈关注。1993年4月11日《中国文物报》发文，称杨庄遗址的发掘为“豫南考古新篇”，其成果在考古界具有开创性意义。

■ 石家河文化遗址

杨庄遗址第一期文化遗迹有灰坑1个，椭圆形，出土有深腹罐、圈足盘、红陶杯、漏斗形擂钵、壶、器盖、缸等。柱洞11个，圆形，直径10～35厘米，深10～30厘米，填灰为黄色黏土。陶质有泥质和夹砂两种，少量夹蚌陶。篮纹普遍，多横饰。典型器类为宽扁式足鼎、深腹罐、红陶杯、豆、高领罐、盆、擂钵、钵、缸等，有一件陶塑小鸟，石器仅发现镞。这些器类及其形制多与石家河文化的同类器相近，因此被判定为石家河文化类型。

■ 河南龙山文化遗存

杨庄遗址第二期文化层厚度在0.5～2.5米，遍布整个遗址，堆积厚，密度高，出土物星罗棋布，在同类遗址中极为罕见。文化遗址有灰坑12个，多为圆形。柱洞35个，属房屋建筑遗迹。瓮棺10个，以直筒平底或圜底状者居多，葬具有鼓腹和深腹夹砂罐、乳足鼎、直领瓮、大口罐和钵等。遗物有陶器、石器和少量动物遗骸，动物种类有猪、鹿、羊、马、田螺等，其中猪的数量较多，马甚少。本期遗存和煤山、王城岗、王湾等河南龙山文化晚期的遗存年代相当，其绝对年代距今4200～3900年。出土陶器有夹砂鼓腹罐、深腹罐、直领瓮、豆、盆、擂钵、器盖、矮足鼎、红陶杯、纺轮、平底碗、圈足盘及杯、壶、盛水烧水用的陶器等；陶器以泥质浅灰陶为主，夹砂陶较少，且砂粒裸露于器壁，多饰篮纹，素面次之。其中，鼎、鬶、豆、罐、杯、碗、瓮、器盖是龙山文化的典型器物，具有与驻马店古环境相依存的独有特征。

陶器制作已采用先进的轮制技术，器体内外有制陶时留下的同心圆痕迹，在陶器底部往往留有隔离陶轮的螺旋纹。陶窑的结构已有改进，陶器的烧制大量采用还原法和羼炭法。器型工整，器壁厚薄适度均匀。陶器较前期略高，陶器大多为灰色、深灰色、黑色，泥质磨光陶器较多，纹饰以篮纹、凹凸弦纹为主，陶器造型多采用矮足、尖足，矮足多带乳头形和矮三角形，还有一些高柄喇叭形圈足的陶器，如陶豆。器物上部造型或装饰多采用折腰、折盘、折壁、折沿，还有一种在罐形鼎的颈部内侧制一圈折棱，有的在折处还饰一圈凸弦纹，折度适当，纹饰配合恰到好处，观之都给人以美的感觉。

炊器和食器中大量使用鼎、鬶、豆，出土陶鼎的鼎腿就有六种之多。出土的六件陶鬶，造型不同、陶色不同、纹饰不同，鬶颈有长短之别，鬶足有铲形与袋形之分，但均为平沿扁流鬶。这种特征在同期的文化中少见，证明陶鬶是驻马店地区龙山文化时期长期使用的炊具。石器有穿孔石刀、镞、凿、锛、斧等。

驻马店地区龙山文化时期，其生产工具最突出的特点是：大量使用磨制精致的两用石器和骨器，不见蚌制、陶制工具，出土有扁平长方形带孔石铲，有扁平梯形、一侧有缺口、刃部锋利的骨铲。收割工具有窄长条弓背石镰和半月形穿孔石刀。房屋建筑的特点是：分布密集，数量较多。大多数的房子都是圆形的单间房，一般为平地起建，四面有矮墙，洁白而平整，透露出驻马店地区古人类已具备一定的卫生知识，对环境有了一定的追求。房内往往有一个圆形硬面，烧成红色或青灰色，考古学上称为灶面，灶面中都有一个圆形灶坑，有的室内还有柱洞，这可能是用来支撑屋顶的。

二里头文化遗存

杨庄遗址第三期即二里头文化遗址，有壕沟、祭址、灰坑、水井、瓮棺葬等。出土物包括陶器、石器、铜器和漆器等四类。一水井内出土果核十几枚，除部分炭化外，大部分保存较好，经检测属蔷薇科和葡萄科。出土动物遗骸与二期相同，多保存较差，朽而易碎。本期遗存与伊洛地区的典型二里头文化属同一文化系统，为夏代遗存。壕沟平面呈圆形，剖面呈不规则倒梯形，口、底宽窄不一，底部较平整。沟内堆积有大量保存如新的树木干枝，为人工修整。祭祀坑位于壕沟近底部，平面呈长方形，东南至西北长约4.5米、南北宽约2.5米。坑内摆放着大量陶片、陶器和动物骨骼，其上覆盖一层厚5～10厘米的纯净黄土，质地坚硬。次层黄土明显不同于周围的灰土文化层，系人工着意覆盖。11个灰坑分别呈不规则状、椭圆形、圆形。出土有中口长腹罐、豆、盆、大口尊等器物。水井4座，口大底小，斜直壁，其底部多发现汲水器捏沿罐，多为完整器。瓮棺葬1座，葬具为一夹砂褐陶鼎身，外壁黑色，内有婴孩残骸。

遗址内出土有陶器、石器、铜器和漆器，铜器达7600件。其中的中口长腹罐、花边圆腹罐、大口尊等器类，与典型二里头文化早期的同类器相似，与伊洛地区的二里头文化属同一文化系统，但也有鲜明的地方特点：①驻马店地区二里头文化夹砂陶多且砂粒较大，往往裸露于器表，显然是本地区龙山文化传统的保留。石器数量众多，但未发现骨器和蚌器。②陶色以褐陶数量较多。纹饰方面，驻马店地区的篮纹宽疏粗浅，与伊洛地区风格迥异，而与本地龙山文化特征一脉相承。绳纹以中绳纹和中粗绳纹为主，印痕多较浅，甚或模糊，少见伊洛地区早期流行的印痕较深、排列整齐的细绳纹。驻马店地区宽浅的篮纹、砂粒裸露的器表，以及器形方面的垂腹、底装圆锥足鼎和夹砂罐等，皆是对淮河流域上中游地区龙山时代文化因素的承袭。出土铜器类似凿状器，具有早期铜器特征，色红。出土漆器仅残存一条白色和红色的漆带，附于一圆形泥柱表面，应为木胎觚类器。这些因素在其他二里头遗址中罕见，不是一般村落所拥有的，因而它可能是一处具有祭祀功能的区域性小型中心聚落。

淮河流域的考古学研究，对于探讨中国全新世南北文化的关系和中华民族的形成过程，具有不可或缺的重要意义。杨庄遗址的发掘，为这一问题的深化提供了科学依据。

1.杨庄遗址第一、二期遗存皆发现柱洞，但没发现明确的半地穴式或平地式居址，如墙、灶、居住面等，与之相关联的窖穴（灰坑）数量也很少。柱洞埋置深度多残存50厘米以上，除少量直行排列和似呈圆形排列者外，其余大多看不出规律。根据沟底自然沉积中发现的大量树干和个别经人为加工的方木，可推测杨庄遗址第一、二期有可能存在干栏式建筑，可以窥见那时先民的居址形式。

2.杨庄遗址大量的稻植硅石和炭化稻粒的存在表明，在石家河文化、河南龙山文化和二里头文化早期阶段，驻马店一带水稻栽培已具相当规模。由于杨庄及其周围地势平坦，水源充沛，推测当时的农业活动以水稻种植为主。孢粉标本显示，在龙山文化至二里头文化早期阶段，栽培的作物还有芝麻、蓼、菜豆等。猪、羊、牛、马等家畜骨骼的发现则表明，在龙山文化至二里头文化早期阶段，除农业之外，畜牧业也占一定比重。由于仅发现极少量田螺等水生动物遗骸，捕捞工具又极罕见，推测捕捞活动在当时也许是偶一为之，而大量石镞及轴鹿骨骼的发现，则可表明狩猎活动的存在。

杨庄遗址的发掘解决了驻马店古文化研究中一个悬而未决的问题，断定驻马店地区是目前所知龙山时代至夏代早期主要种植水稻区域的最北点，而且也是目前所知唯一以种植水稻为主的二里头文化遗址。结合近年来在淮河流域和黄河中下游地区诸遗址所发现的炭化稻粒，推测在全新世中期，今许昌一线和漯河一线之间，曾大致为北方粟作农业区和南方稻作农业区的交错带。

杨庄遗址提供的考古学信息表明，在全新世中期，该地区景观生态系统的本底结构是由众多的低山、丘陵、平原、洼地、湖泊等景观廊道所构成的，具有强烈的空间异质性。其总的气候类型为亚热带和暖温带的过渡型。在石家河文化早期，本地气候以温暖湿润为主，水热条件优异，森林和水系发育成熟，以落叶阔叶林为主，夹有少量亚热带常绿阔叶林植物。木本植物有松、赤杨、栲、鹅耳枥、栎、桦、胡桃等。河谷大规模下切并拓宽，当时高楼东和党楼东的练江河支流河谷的宽度都在100米以上，河泥王河谷在河泥王村附近的宽度则达300米以上。到了石家河文化晚期，本地气温和湿度开始下降，龙山文化阶段的气候介于暖温带的湿润和半湿润气候类型之间，比前期略为干燥。当地古河道的淤塞多发生在这一时期，许多支流河谷淤塞成湖，使洪水发生频率增大。与之对应，这期间的植被成分除栲是亚热带常绿植物外，其他大部分为暖温带植物。木本植物有松、杉、栲、榆和栎，仍以松和栎为主。草本植物包括藜科、禾本科和菊科。厥类植物较少，另外有少量水生植物环纹藻。依据孢粉数据分析，这一时期森林植被已明显退化。这种低温低湿的干燥气候一直延续到杨庄二里头文化的偏早阶段。大约自杨庄二里头文化第二段开始，本地区又进入温暖湿润的亚热带和暖温带过渡型气候期。植被为落叶阔叶林与常绿林混合，木本植物有松、栎、鹅耳枥、栲、杉、朴、柳、杨梅、胡桃、玉兰、榛、桃、杏、山楂等；藤本植物有葡萄；草本植物有凤尾蕨、水龙骨科和卷柏等。另有禾本植物竹子、芦苇等。这一时期河谷更浅，洪水灾害也更容易发生。

将上述各景观组分析叠加，可知在距今5000～3700年，驻马店市一带的气候虽曾发生若干次小的波动，但总的气候特点属于以亚热带为主的类型，属于北亚热带的边界。当时的水源充足，光照充沛，加之森林、湖泊、草原、湿地等多种生态环境相间，使这里成为早期人类的聚居地。

沈国故城

沈国故城位于平舆县射桥镇古城村一带。

周成王四年（前1039），周天子封叔叔季载为沈侯，叔叔封为卫侯，这二人皆以贤明治理封地，勤恭国事，为周公所赏识。数年后，周公荐举封为司寇、季载为司空，位至王室上卿，辅佐成王安邦治国，皆有盛名于天下。所以在西周早期，沈国和卫国一样，是一个重要封国，但因其位于镐京（今陕西省西安市长安区西北）之侧，这里封国林立，食邑栉比，使历代沈国国君及贵族在钟鸣鼎食的环境中养尊处优，失去拓疆进取的动机，积贫积弱，逐渐由一个重要封国沦落为一个小国。

周幽王十一年（前771），申侯、犬戎联合攻周，“杀幽王，尽取周财宝而去”。历代周天子悉心经营的镐京，旦夕平为丘墟。周平王即位后，迫于猃狁、西戎的虎视蚕食，由晋文侯、卫武公等夹辅东迁洛邑（在今洛阳市）。这时封国在镐京附近的世袭贵族也纷纷东迁，沈国此时由渭水流域迁徙到淮水流域。其地在今平舆县城北射桥镇古城村一带。周敬王十四年（前506），沈国为邻邦蔡国所灭。沈国灭亡后，历代沈君后裔，皆以国为氏，始有沈姓。所以沈国末代国君沈子嘉的后裔、南朝梁代文学家、史学家沈约在其《宋书·自叙》中这样记述："沈子国，今汝南平舆沈亭是也，春秋之时，列于盟会。定公四年，诸侯会召陵伐楚，沈子不会，晋使蔡伐沈，灭之，以沈子嘉归。其后以国为氏……"

战国时沈国故地属楚，以地势平坦，为车辆的发祥地，改名平舆，为楚国的军事重镇。秦王政二十三年（前224）秦将李信攻平舆，楚师反击，李信败还。翌年秦将王翦统六十万重兵方克平舆。汉置汝南郡，治平舆，辖三十七县，人口众多，为天下首郡。

实地考察，沈国故城位于澺水（今名洪河）之北约四公里处。故城南有拉龙沟、麽龙橛、斩龙台、沈子嘉墓、沈君忽墓等古迹。传说拉龙沟是当年蔡国军队攻入沈都，索绑沈子嘉的一条古道，千年大路流成河，如今变成一条古沟。麽龙橛是缚绑沈子嘉的桩柱遗址。斩龙台是斩杀沈子嘉的断头台。该故城内还有张明府祠、"上天桥"及汉代铸钱遗址等汉代古迹。

近年来文物考古工作者对沈国故城遗址进行了实测、钻探和局部发掘工作。该遗址东西长1350米，南北宽1500米，文化层厚度1～5米，呈长方形。在平整土地等农田基本建设中，该故城遗址出土了簋、匜、剑、陶拍、圜底罐等春秋青铜器、陶器；在文化层表面有鬲、鼎、罐等春秋陶器片；在故城南春秋战国墓地曾出土一批骨币、陶范，为该遗址系春秋沈国故城、汉代汝南郡治及其沿革关系提供了实物依据。

沈国故城2013年5月被国务院公布为全国重点文物保护单位。

天堂寺遗址

天堂寺遗址位于汝南县城东南35公里的南余店乡潘庄行政村天堂寺自然村北面。遗址呈椭圆形，四周河塘环绕。东、西、南三面高，北面低，高出地面1.5米至8.4米不等，形成台地；东西长298米，南北宽173米，总面积51 554平方米。其南500米为南余店乡至梁祝镇的公路。

遗址包含了新石器时代仰韶文化、屈家岭文化、石家河文化、河南龙山文化、二里头文化以及商周时期遗存。遗址规模大，文化层深厚，持续时间长，遗物甚多，文化面貌及文化性质较为明显，发展序列清晰。从采集的标本看，既有与江汉流域石家河文化相一致的器物，又有黄河流域河南龙山文化和商周的典型器物。

天堂寺遗址为研究本地古代文化及其周边地区的古代文化的发展关系，提供了重要的实物资料，对于全面认识、综合研究整个淮河上游新石器时代至商周时期文化具有重要价值。

2013年天堂寺遗址被国务院公布为第七批全国重点文物保护单位。

• 董桥遗址 •

董桥遗址位于西平县吕店乡董桥村东南缓坡岗地上，是新石器时代的古遗址。2006年6月调查发现，它是一处以仰韶文化为主，兼有河南龙山文化、二里头文化、东周文化和汉文化的多种考古文化共存的综合性、多层次的古聚落遗址，面积123.2万平方米。

据文物专家考证，董桥遗址的年代与黄帝时代相吻合。这里的仰韶文化是以泥质红陶与泥质姜黄陶为主，但前者比例略大于后者，夹砂红陶次之，夹砂姜黄陶再次之，夹砂灰陶极少，夹砂陶砂粒与蚌粉裸露于器壁而鲜明，泥质陶陶土多经淘洗而细腻，有少量红衣陶和少量的外壁为红色、内壁为灰色的陶，多用于钵、碗诸器。

驻马店地区的仰韶文化遗址有十余处之多，唯独西平县缺而未见。董桥遗址的发掘，填补了该项空白。其地理位置起着南北文化传播的作用，对于河南境内新石器时代文化谱系、仰韶文化区域类型的分布、文化因素影响与传播途径的研究皆具价值。

该遗址对研究仰韶文化及炎黄时代文化分布发展等具有重要意义。《史记》中记载：“黄帝居轩辕之丘，而娶于西陵之女，是为嫘祖。”嫘祖是中国历史上第一个发明人工植桑养蚕的人，首倡文明婚姻礼俗，和黄帝一道开创了男耕女织的农耕文明。同时，她“以劳定国”“以死勤事”，以一个女政治家的角色辅佐黄帝定鼎中原、统一华夏，被誉为中华民族的“人文女祖”。

从历史文献记载与遗址中出土遗物来

看，此处是古吕墟，即西陵氏族所在地，也是黄帝正妃嫘祖的诞生地。2013年被国务院公布为第七批全国重点文物保护单位。

• 台子寺遗址 •

台子寺遗址，位于驻马店市驿城区，是新石器时代的古遗址。遗址地势北高南低，最高处高出地面6米，整个遗址东西长120米，南北宽160米，总面积约2万平方米。遗址中心台地在明清时期属庙湾八景之一，雅号“古寺插云”，故名台子寺。古寺早在清末被毁，遗存台地。

该遗址内涵丰富。曾采集有石斧和代表不同鹿龄的鹿角、纺轮、角锥、牙锥、石镞、鼎足、鬲足、甑、澄滤器等器物残片标本。陶质以夹砂为主，泥质次之。陶色以灰陶为主，黑陶、红陶次之。纹饰以绳纹为主，篮纹、条纹次之。这个遗址还具有一个特色：地面散布着大量贝壳、螺壳，堆积较厚的地方至今不成庄稼，具有江南“贝丘”风格。

该遗址的发现为研究南北文化的交流融合和探索淮河上游文化的发展和形成提供了宝贵的实物资料。2013年，台子寺遗址被国务院公布为第七批全国重点文物保护单位。

• 新蔡葛陵楚墓 •

春秋晚期至战国时期，楚国势力日益强盛，古蔡国逐渐沦为楚国的附庸，成为楚国在淮河流域北部的重要城邑。近年来，驻马店地区楚墓发掘引人注目，其中尤以新蔡葛陵楚墓、上蔡郭庄楚墓的发掘影响巨大。

葛陵楚墓位于新蔡县李桥镇葛陵村北，1994年7月由河南省文物考古研究所实施发掘。该墓为土圹竖穴木椁墓，平面呈“甲”字形。墓葬西侧有一个与墓道方向垂直的车马陪葬坑。墓室用夯土筑成，斜坡式墓道，填土亦为夯土，椁室上部有一层白膏泥。设7个台阶，5个室，南室以金箔纸铺底，有铅、锡摆设的图案。西室殉葬7人，随葬有玉璧。出土文物3000多件。经考证，墓主人的地位仅次于楚国国君。

葛陵楚墓竹简的发现，是继信阳长台关楚墓竹简发现以来在中原地区的又一重大发现，不论从数量上还是质量上都是一批不可多得的宝贵资料，对于研究墓主人的身份、地位、丧葬特点及墓葬年代等具有重要的学术意义。

这批竹简在发现之前显然已被盗墓者扰动，一部分夹杂在漆皮中，一部分叠压在车轴或戈秘下，出土时呈灰黑色，清洗后呈黄褐色。宽度为0.6～1.2厘米，多数宽度在0.8厘米左右。文字多数书于竹黄一面，少数书于竹青一面。从字体看应由多人书写而成，字体或秀丽或奔放，字距或密集或稀疏，显示出不同的书写风格。经过考古工作者的系统梳理，竹简总计1500余枚，文字近8000个，字迹大部分比较清晰。

这批竹简的绝大部分为卜巫祭祷记录，与包山楚简中的卜巫祭祷类简极为相似，主要为墓主人平夜君成生前的占卜祭祷记录，占卜的内容以求问病情为主。简文格式亦与包山楚简非常相似，由前辞、命辞、占辞等部分组成，据此可知墓主生前的疾病情况。其中带有“小臣成”（即平夜君成。平夜是封地，君是封号，成是人名。据古文字学家裘锡圭考证，“夜”和“舆”二字古音同，“平夜”即“平舆”）字样的竹简是平夜君成自己祈祷的记录，为数很少，但简较宽、字体大。另有一种简，其内容仅与祭祷有关，但不见占卜记录，为此次发掘所仅见。

新蔡葛陵楚墓出土竹简

除卜巫祭祷记录以外，其他20余枚均为别人对墓主馈赠物品的清单，即以往所谓“遣策”，有学者称之为“䝼书”。

新蔡楚简的出土，是战国楚简的又一重大发现，其数量较多，内容丰富，简文纪年资料较为详尽，祭祷对象有楚文王、平王、昭王、惠王、简王、声王、平夜文君、子西等，为竹简及墓葬断代提供了重要依据，也为研究当时楚国的“卜巫”情况，揭示楚国贵族的意识形态提供了重要资料。自这批竹简问世以来，中国史学界已正式出版了《葛陵一号墓竹简》《葛陵楚简文字编》等多部学术专著。

• 上蔡郭庄楚墓 •

上蔡郭庄楚墓位于上蔡县蔡国故城以西卧龙岗上。卧龙岗是一条南北长约45里、东西宽约8里的高大土岗，因为现代砖瓦窑厂的起土活动，岗上多次发现楚国贵族墓葬。

文物部门经数次发掘和调查，认定这是一处东周时期面积广大的楚国墓地。2005年5月至2006年7月，河南省文物考古研究所对其中两座墓穴进行了发掘。这是两座南北并列的大墓，1号墓防盗构思巧妙，覆盖在墓穴上的流沙曾经被炒过，这样的流沙一般能保持干燥，盗墓贼在偷挖时，极有可能会被流沙掩埋窒息而死。为确保万无一失，流沙下面还有一层块石是片石。现场考察发现，沙子里被撒进金粒，据说这是因为墓主人“级别高”而特意放置的，这种情况在古墓发掘中是首次发现。另外，一般的古墓都是阶梯状，而郭庄楚墓则是立柱状。封土下发现了祭祀坑遗迹和聚落遗迹，出土了一大批珍贵的蔡、楚文化遗物。发掘表明，封土下掩埋着大大小小17个盗洞。其中战国盗洞1个，位于墓室的北口约3米处，是一个阶道式的斜向洞，向下发现积沙后停止。东汉盗洞7个，其中1号洞巨大，对墓室东部采取了揭顶盗，大约1/3的文物被盗墓贼盗走，并将墓室结构严重破坏。

《墓室问史——郭庄二号》

郭庄楚墓挖掘现场

郭庄楚墓出土文物四龙耳大铜鉴

郭庄楚墓距今约有2400年的历史，被有关专家称为“豫南第一大墓”。目前已经出土的文物有圆形盖印鼎5件，四龙耳铜鉴2件，方壶2件，鬲1件，敦1件，浴缶1件，甬钟3件，柱头饰10余件，石编磬10件，渔网坠，鱼钩，鱼骨刺，七八寸长的大贝壳和一个装着婴儿尸骨的陶瓮，还有一些戈、矛、镞、马衔嚼等青铜器和一定数量的包金铜片、玉贝、海贝、骨质仿贝等。其中不乏精美重器，最大的圆形盖鼎，口径80厘米，在楚国青铜器中体量仅次于楚幽王墓镬鼎；两件四龙耳铜鉴，口径67厘米，形体较大；两件双龙耳方壶，花纹精美；石磬为实用器，质地精良，十分难得。编钟和大鼎考古价值极高。墓主人疑是楚国一个丞相级的显贵人物。

2号墓墓主人可能是1号墓墓主人的妻妾。考古人员通过对出土文物的鉴定，可以断定卧龙岗以西在商末周初还是一个巨大的湖泊，汝河只是流经湖泊的一条支流。这就最终揭开了古蔡国望河楼的秘密。试想，那时候登楼西眺，应类似于范仲淹在《岳阳楼记》中所描写的一派壮观景象吧。

• 象河关楚长城 •

在驻马店市的历史上，有案可稽的四大关隘是：泌阳象河关、新蔡繁阳关、确山竹沟关以及平舆杨埠关。在这四大古关中，象河关的战略地位尤为显著。

象河关原名象禾关，也曾名缯关、泻关、白马关。位于南阳盆地东缘、泌阳县东北部，西交方城，北邻舞钢。自西北而来的伏牛山与自南而来的桐柏山，在象河关相见，形成一个宽约6000米的凹谷。象河关遂成为南阳盆地东出北进的咽喉之地。东汉张衡作《南都赋》以颂之：“尔其地势，则武阙关其西，桐柏揭其东，流沧浪而为隍，廓方城而为墉。”南阳盆地先秦时期便是争夺中原、出击三秦、南征荆蛮的战略要冲。周庄王九年（前688）冬，楚国大举北进，先是攻取申国（在南阳市北），之后兼并吕（位于申之西）、缯（位于申之东北）。楚文王为了巩固已取得的成果，防御郑国南下，并积蓄力量再图北上，就在伏牛山脉与桐柏山脉结合的凹谷处筑起一座著名的方城塞——“泻关”。

象河关楚长城遗址

象河关楚长城城墙断断续续，其东端位于今泌阳县付庄乡乡政府所在地，向北经象河关，到象河乡高庄村出县境，长约30公里，大部分为墙基宽12米、高4米的夯土加石质结构，夯层厚14～16厘米，夯窝直径6～8厘米，沿线以圆形烽火台相连接。楚长城在兴建年代上早于秦长城，是中国长城文化滥觞期的一种重要形态。

象河关北通禹、叶之地，东接汝颍平原，可达申、息、陈、蔡等地。以当时的生产力水平，甲车是战争的主要武器，楚国在象禾筑方城，设关隘，甲车进退有余，适合大部队运动，据明、清《泌阳县志》记载：象禾故城南北4500米，东西3000米，北城有敌台、跑马台，依次向南置三关。在五烽山与关山之间有6个高台，夯土建筑，相传为烽火台，沿线出土有箭镞等物。此关虽是建在山脉凹口之中，但因其依山傍河，规模庞大，故有“泻关”之称。至唐中期，淮西节度使李希烈兵屯象禾，因在南河获大象以为祥瑞，遂将象禾关改称象河关。唐初始置巡检司，元、明、清袭之。

象河关的设置，最早应推至西周，不过在当时仅是一般的屯兵守卫之地，不为天下所重。但随着楚长城的修建和夏路的开通，它的军事和经济价值急剧上升，成了天下雄关之一。

秦吕不韦《吕氏春秋》中记载："何谓九塞？大汾、冥阨、荆阮、方城、殽、井陉、令疵、句注、居庸。"其中就提到了方城塞。三国时韦昭在《国语注》中也指出："方城，楚北之厄塞也。"2009年版《辞海》对"方城"的注解："春秋时楚国所筑长城。北起今河南方城北，南至今泌阳东北。战国时又展筑，自今方城北西向循伏牛山脉，折南循白河、湍河间分水至今邓州市北。楚恃以守卫其北境。"目前史学界公认：自今方城至今泌阳东北这段楚长城是公元前688年楚文王开始修筑的，也是楚长城中最早的一段。在这段最早的楚长城中，有两个较为著名的关隘，即今泌阳象河关和今方城县独树镇大关口两个方城塞。而在这两个城塞中，今泌阳象河关应该是《吕氏春秋》所记"山有九塞"中的"方城"塞。

楚长城的兴建，使象河关成为楚国北部的坚固门户，从春秋早期到周赧王三年（前312）的370余年间，中原诸侯数次犯楚，但始终未能越过方城塞。战国前期，韩、魏军队曾驻扎于方城之外，也未能攻入方城。而楚国用兵中原的路线就是沿夏路出方城塞，向北经汾（襄城县东北汾陈镇）、陉（新郑市西南陉山）之塞，达中原腹地，向东至汝颍平原、淮河流域。楚国甲车首次冲出方城塞，是周庄王十三年（前684）伐蔡灭息，饮马淮河。楚国要东征淮河流域，虽然可以自郢取道汉水、直辕（武胜关），但路途遥远，行程艰难，远不如兵出方城之便捷。楚灵王伐吴，围徐（今江苏泗洪县南），就是先"会兵于申"，师出方城塞，沿淮水的汝清（安徽阜南县南）东征。

周赧王十六年，秦、齐、魏、韩四国联手进攻象河关，在垂沙（今泌阳县东南）大败楚军。随后，攻取象河关。至此，楚国北部最重要的军事要塞失守，楚国自南阳以北的土地也尽被韩、魏二国占去。

明、清《泌阳县志》载：象河关即古河关，为申到蔡的必经之地，又是古夏路隘口，春秋时"楚在此筑方城以拒中原"。当时，象禾古道还是第一条免税商运古道。司马迁曾在《史记》中说："南阳有夏路之便，由申经方城塞南通华夏诸国。"

• 酒店冶铁遗址 •

酒店冶铁遗址位于西平县城西30多公里处的棠溪河畔。在春秋战国及此后1000多年时间里，这里是中国四大冶铁中心之一，也是当时天下最大的兵器制造基地。

《史记·苏秦列传》云："韩卒之剑戟皆出于冥山，棠谿（棠溪）、墨阳、合镈（伯）、邓师、宛冯、龙渊（龙泉）、太阿（泰阿）皆陆段牛马，水截鹄雁，当敌则斩坚甲铁幕……"《史记索隐》中说："汝南西平有龙泉水，可以淬刀剑，特坚利，故有龙泉之剑……天下之宝剑韩为众，一曰棠溪，二曰墨阳，三曰合伯，四曰邓师，五曰宛冯，六曰龙泉，七曰太阿，八曰莫邪，九曰干将。"这九大名剑，其产地皆在棠溪。中国冶金考古界公认的"天下第一炉"——棠溪战国冶铁炉的遗址，就位于棠溪河畔的谭山水库近旁（在谭山水库的下面还掩藏着与"天下第一炉"相邻的更多的战国冶铁炉遗址）。该炉被中国有关专家鉴定为"迄今世界上历史最久远、保存最完好的冶铁炉，已有2300年历史，对于研究古冶金史具有极高价值"。

1996年，酒店冶铁遗址被国务院批准为全国重点文物保护单位。国家文物局拨款修建了冶铁炉遗址保护房和棠溪冶铁铸剑陈列馆。现代勘测已查明，以酒店为中心，方圆450平方公里内有铁矿山30多处，

西平酒店冶铁炉遗址

铁矿储量有数亿吨。

早在春秋时期，这里的先民就发现并开始利用当地的铁矿资源，创造了先进的冶铁技术。战国时期七雄争霸，烽火连绵，各诸侯为称雄或自保，不惜穷其国力壮大自身军事实力，客观上推动了冶铁铸剑业的蓬勃发展。当时，棠溪冶炉城聚集了天下众多的能工巧匠，除了像欧冶子、宛冯、莫邪、干将等名垂青史的铸造大师外，仅工匠就达到了七千之众，更不用说那些开山取石、造屋铺路、数量难记的“产业工人”了。在酒店，许多地名的出处与冶铁和铸剑有关。当时冶炉城的达官贵人、士卒工匠、富商巨贾，在工作之余酌酒为乐，久而久之，原本荒僻的村落便成了一个喧闹的大“酒店”。这就是酒店镇名称的来历。还有前菜坡、后菜坡，那是为工匠们供应蔬菜的基地。云庄寨、潘寨、找子营是驻兵、监工的驻地。老庄料村是储存骡马饲料的基地。

1000多年后的唐元和年间，李愬奉命平蔡州，取得主战场胜利之后，为根除后患，在棠溪河畔大开杀戒，坑士卒，毁城池，掳工匠，一口气将千年冶炉城夷为平地。如今，这里是驻马店市重要的酿酒基地。

• 泌阳下河湾冶铁遗址 •

下河湾冶铁遗址位于泌阳县马谷田镇下河湾村，坐落在下河西岸台地上，处于桐柏山系北端，东南距坡头山2500米，西南距条山2000米，南紧邻蝎子山，北距省道平（顶山）桐（柏）路300米。遗址南北长约400米，东西约300米，面积在12万平方米以上。

经过文物部门钻探和勘查，下河湾冶铁遗址文化层厚1.5～3米，最深处有4米多，土质疏松，含有大量红烧土残块和耐火砖等，多处富含铁砂、炼渣。该遗址具有以下特点：

1.地理位置优越。地势较高，依山傍水。下河南岸和西岸的山上有丰富的铁矿储藏，至今仍在开采。遗址以南有条山、蝎子山、坡头山，林木茂盛，便于烧制木炭。紧邻的两条河流使得水力鼓风成为可能，同时为冶铁提供了充足的水源。在遗址的东北部还有大量的耐火土分布。直到20世纪80年代，这里的耐火土还在开挖使用。

2.规模庞大、延续时间长。从初步整理的情况看，遗址面积是迄今中国发现的所有冶铁遗址中最大的一处。相当于当时的5个沘阳城，3个舞阴城，远远大于巩义铁生沟、西平酒店、郑州古荥镇、南阳瓦房店等已发掘的河南四大冶铁遗址。其时代从战国中晚期一直延续到东汉末年，经时400年以上。

3.文化内涵丰富，功能齐全。遗址地面烧土堆积特别集中，各类冶铁遗物随处可见，地表的颜色呈深灰褐色或红褐色。从采集到的大量陶器残片和断崖上发现的三座陶窑分析，该遗址很可能在冶铸金属器物的基础上还兼营制陶业。从采集到的冶炼铸造类遗物看，既有冶炼炉，又有石范、陶范、鼓风管、铸模、砾石等。可见该遗址具备采矿、冶炼、铸造等功能，是当时南阳郡内一处官营的手工业作坊。

4.保存完好。遗址区内随处可见大量冶铁残留物及陶器残片，可见该遗址没有遭受到大的破坏。居位偏僻、交通不便可能是原因之一。附近农民虽曾挖掘铁矿粉与碎渣卖钱，但止于浅层，未伤及文化层。

河南省著名冶金考古专家李京华到这里考察。认为下河湾冶铁遗址是中国迄今为止面积最大的战国秦汉时期的官营冶铁遗址，它的发现具有十分重要的学术价值。它证明河南不仅是中华民族的摇篮、中华文明的发祥地，也是中国古代冶金的中心。

汉武帝在元狩四年（前119）实行盐、铁官营，全国设铁官49处，矿冶手工业者有10万多人，冶铁业得到了空前的发展，而南阳郡和汉中郡盐铁赋税，是国库收入的重要部分。不过南阳郡的冶铁作坊虽多，但有铁官标志的仅发现“阳一”与“阳二”两个。“阳一”冶铁作坊已于南阳市北关的瓦房店和鲁山县望城岗一带发现，“阳二”作坊遗址一直未见踪迹。李京华在《汉代大铁官职官管理体系的再研究》一文中认为：“一号作坊的产品是供应本郡使用。二、三号作坊的产品，似专供外需。”如此看来，“阳二”作坊是为汉王朝开疆拓土而专门提供铁制工具的冶铁作坊，其规格一定相当高。根据下河湾冶铁遗址的规模之巨大，文化内涵之丰富等特点来看，虽然没有进行正式发掘，但推断下河湾冶铁遗址可能就是“阳二”冶铁作坊，当不是妄说。

胜景掠影

——青山秀水天之中

300多年前，一部当地的《汝宁府志》这样写驻马店：险要关乎形胜，奇秀见于山川。可见驻马店在古人眼里就是大美之地。而如今，随着交通的便利，更多的奇秀被发现。当你来到天中大地，相信你一定会被这里的青山秀水和众多的人文景观所折服、所震撼……

•“华夏盆景”嵖岈山•

央视网

《嵖岈幻境》（上）

嵖岈山风景名胜区位于遂平县境内，景区面积148平方公里，可游面积52平方公里，海拔786米，是国家级地质公园、国家AAAAA级旅游区、河南省十大热点景区和18个重点风景区之一。

嵖岈山主景区系伏牛山东缘余脉，又名玲珑山、嵯峨山、石猴仙山等，山势嵯峨，怪石林立。南山、北山、花果山、六峰山砥足而立，秀蜜湖、琵琶湖、百花湖、天磨湖点缀其间，构成了一幅奇特秀丽的风光画卷。景区人文史迹星罗棋布，自然景观不胜枚举，主景区除有九大奇观、九大名峰、九大名洞、九大名棚、九大奇石之外，还有各类景点200多处。具有“奇、险、奥、幽”四大特点，享有“华夏盆景”“中州独秀”“江北石林”“伏牛奇观”之美誉。

嵖岈山气候宜人、资源丰富，处在南北气候的过渡地带，四季风景如画。阳春，山花烂漫，鸟语花香；盛夏，绿树成

崂山

荫，泉水潺潺；金秋，漫山红遍，层林尽染；隆冬，银装素裹，冰清玉洁。山上众峰峥嵘，洞壑幽邃，古树参天，绿藤滴翠；山下涓涓细流，湖光倒影，交相辉映，如入仙境。明代文渊阁大学士、吏部尚书许赞游览崂山留下了“崂山秀寻仙踪，隐隐云烟千万峰。遗事尚传人已去，洞门深锁碧苔封”的绝美诗句，是对崂山美景的真实写照。

当然，来崂山旅游这几个地方是不能错过的。

第一是天下第一石猴：这尊猴石堪称是全世界迄今所发现的最大、最逼真的石猴。是大自然的杰作，也是崂山最著名的景观。而且在不同的方向就会出现不同的形象造型，譬如在北山蓬莱三洞所在地观看石猴恰似一对年轻的男女情人拥抱在一起，在蜜蜡湖地带观看似大猴背小猴的猴背猴状，真可谓一石三景。1996年，著名影视演员、有美猴王称誉的六小龄童（本名章金莱）来游览崂山，当他看到这个石猴时特别兴奋，只见他双手合十，放置胸前，口念阿弥陀佛，鞠躬三拜，叹

央视网

《崂山幻境》（下）

曰：“这才真正是我们猴辈的祖先啊！”他说：“当年拍电视连续剧《西游记》时走遍了全国很多地方，类似猴子的石头在全国也找了不少，但像这尊石猴体量这么大、形象如此逼真的在全国绝无仅有。虽然前期拍《西游记》时没用上，但将来拍续集时一定到这里来拍。”后来在他的斡旋下，《西游记》续集在此拍摄。

二是蜜蜡峰。蜜蜡峰是一座石奇壁峭、绝崖耸峙、陡不可攀的山峰。它是一块完整的石体，海拔400多米，在全国也绝无仅有。由于地壳构造运动，形成北东向的嵖岈山张扭性断裂与东西向的蜜蜡峰断裂，而蜜蜡峰恰恰处在两断裂交会处的上升盘部位。新生代的地壳构造运动，使嵖岈山断裂的北盘和蜜蜡峰断裂的东盘不断地相对下降，而处在两断裂交会部位的上升盘不断地相对上升，加之花岗岩体长期球状风化，最终形成高耸挺拔、陡不可攀的圆柱形山峰。峰巅之背阴处，每逢雨季，常有风化裂隙水沿裂隙呈线状流下，恰似蜂蜜涂壁，故名蜜蜡峰。

三是飞来石。飞来石，即天外飞来石头之意。据说它是从天空飞来的一块仙石。传说每年三月三王母娘娘都要召开一次蟠桃大会，孙悟空跑到蟠桃园把蟠桃都吃光了。当王母娘娘宣布上蟠桃的时候，一个仙女只好把拣来的一盘蟠桃核战战兢兢地送给她，王母娘娘怒发冲冠，抓起一把桃核向孙悟空砸去。悟空何等聪明，一个筋斗翻出天宫。桃核飘散着落向地面，其中一颗正好落在嵖岈山上。由于王母娘娘恼怒至极，用力过大，造成嵖岈山山崩地裂，落在第一块巨石上砸开个一线天，然后又弹到这块巨石上，把此石一劈为二，形成现在的模样，故名“飞来石”。

四是天磨湖。天磨湖是因为对面的天磨峰而得名的，天磨湖区位于北山西侧、天磨峰下，湖面约4公顷。南与六峰山景区紧密相连，西有韭菜山，北有大水坝。这里群山环抱，青山绿水，游鱼翻浪，景色宜人，俨然是一幅山水画。

说起天磨湖的迷人景色，这里还有一个久远的历史故事。春秋时期吴国和楚国因为领土之争大战不已，嵖岈山当时是楚国的地盘。有一年吴国兵强马壮，准备一举战败楚国。吴王夫差带领大军直奔楚国，与楚国在嵖岈山一带展开大战，吴军奋勇厮杀欲求速战速决，楚军一方面拼死抵抗，一方面增兵救援，双方相持不下，处于对峙状态。这时吴王的弟弟夫概发现天磨湖周围怪石林立，山清水秀，不禁触景生情，怕此美景毁于战火。于是夫概禀奏哥哥夫差要求退兵，让吴、楚两国修好，被吴王严词拒绝。夫概爱怜嵖岈山水，毅然率兵倒戈，投靠楚王。这样吴、楚两国实力发生重大变化，吴王已无任何优势可言，又加之远道而来，人困马乏，水土不服，只好班师回营。楚王念夫概有功，封他为吴王。于是夫概选嵖岈山下的一个店房村为国都，又称吴房。夫概死后，就葬在天磨峰下。

嵖岈山也是一块革命的圣地。抗日战争和解放战争时期，李先念等老一辈无产阶级革命家在此建立革命根据地，留下了辉煌的战斗足迹。1958年，这里成立了全国第一个人民公社——嵖岈山卫星人民公社，一代伟人毛泽东曾亲临遂平县视察，在新中国的历史上写下了浓重的一页。

在嵖岈山主景区外，还有林海碧涛、鸟语花香的凤鸣谷森林公园；峡深壁陡、丹霞遍布的红石崖景区；瀑布飞泻、野趣浓郁的龙天沟景区；碧波荡漾、鸟翔鱼跃的狮象湖水上乐园与嵖岈山相得益彰、合璧生辉，组成了一道道靓丽的风景线。

• 亚洲最大的寺院——南海禅寺 •

南海禅寺，国家AAAA级景区，位于汝南县县城东南隅。它占地面积540亩，寺域开阔，建筑浩繁。东、南、西三面被汝河环绕，西北连小南海。主要建筑有山门、大雄宝殿、观音殿、菩贤殿、文殊殿、天王殿、钟鼓楼、十二道牌坊、白圣舍利塔和世纪和平钟楼等。无论是寺院占地面积还是建筑规模，南海禅寺都是亚洲最大的佛教寺院。

南海禅寺始建于明嘉靖年间，历史上被誉为“蔡州八景”之一。经明、清数百年的营建装修，于清代达到鼎盛。新中国成立前被拆毁。明代在南湖（小南海）修建成的观音阁，是仿造南海普陀寺的模式。由于观音阁的规模小于南海，所以人们称南湖为小南海。南海禅寺由此得名。

1994年台北大香山观音禅寺住持——明乘大法师出资在故乡复建此寺。

南海禅寺整个寺院建筑结构严谨，构思奇妙。主要建筑以花岗岩石质雕刻为主，融中国古代建筑工艺与现代艺术为一体，集建筑工艺、绘画艺术与雕刻艺术于

南海禅寺

一身，取全国二十多家罗汉堂之精华，采用中西融汇、古今结合的方式，招募精工巧将，精选上乘石料，精雕细凿，精镂细刻，同时把佛教文化、民间文化、历史故事巧妙地融入整体建筑群中，整个寺院建筑显得既古朴典雅、庄严肃穆，又布局合理、气势恢弘，是亚洲寺院建筑中的经典之作。

南海禅寺最主要的看点：一是山门。它高31米，宽50米，为牌楼式建筑。山门牌楼的正上方，刻有全国政协原副主席、中国佛教协会原会长赵朴初亲笔题写的“南海禅寺”四个斗金大字。山门牌楼坐南朝北，主门门拱气势雄伟。主门侧门的上端浮雕二龙戏珠更是巧夺天工。

其次是十二座花岗岩牌坊。以佛家十二因缘、十二菩萨、十二护法大将、十二地支为设计理念，每个牌坊风格隽秀，古意昂然。整片建筑集中在一条长500米，宽20米的甬道上。甬道自北朝南，是禅寺北山门去向大雄宝殿的必经之地。

位居南海寺建筑群正中的大雄宝殿，又称佛宝殿、正殿、大殿，是全寺主体建筑。平面呈边长80米的正方形，超过故宫太和殿与山东曲阜孔府大成殿的规模，号称“亚洲第一殿”。天王殿、观音殿、文殊殿、普贤殿四大配殿，分布在大雄宝殿的前后和东西两侧，三重飞檐，高大雄伟，可与全国现有佛教圣地同类建筑相媲美。大雄宝殿高36米，为三层重檐殿堂，建筑面积5000多平方米。室内供有一尊高约17米、重72吨铜雕鎏金释迦牟尼坐像，是整个南海禅寺的精华之处。

另外，四大配殿也是必观之处：天王殿在大雄宝殿正南面，香火十分旺盛。殿内供奉的是四大天王，象征着护持四方风调雨顺，四时平安。观音殿，殿内供奉一尊高14米，由香樟木雕刻的千手千眼前后双面观音鎏金坐像。文殊、普贤二殿内分别供奉一尊高9米、重12吨的通体鎏金文殊、普贤铜雕坐像。

大雄宝殿左右侧前方为钟楼和鼓楼，楼高36米，为二层重檐楼阁式建筑。世纪和平钟楼位于寺院东北侧，楼高34.6米，为三层翼角楼阁式建筑，室内吊有高7米、直径6米、重21吨的世纪和平钟。

在寺院的东北部，为明乘法师给他的老师建造的白圣长老舍利塔院。整个塔院布局得当、错落有致，尤其是以花岗岩雕刻，为白圣长老建造的舍利塔。塔高15.5米，为经幢式建筑。融中国古代建筑艺术与东南亚现代建塔风格于一体，雄伟而又典雅。

值得一看的还有寺内的藏经楼，设计独特，建筑优美，尤其可贵的是，楼内珍藏着古今多种版本的佛教经书。

南海禅寺寺域开阔，三面环水，两面临路，堤岸林荫，波光塔影，晨钟暮鼓，梵音悠扬，与小南海风景相互映衬，形成一片面积为70万平方米的风景区。所谓大道通禅地，佛光映人心。如今庄严的寺院，美妙的风景，吸引无数礼佛观光之士前来，南海禅寺更成为天中礼佛的圣地、豫南旅游的热土。

• 山水画廊铜山 •

铜山风景名胜区位于泌阳县东部，北接伏牛山余脉，南衔桐柏山峦；西处南阳盆地，东临淮河平原。分铜山主景区、铜山湖国家水利风景区、国家森林公园、云雾峰四大景区110个景点。是国家AAAA级景区，总面积132平方公里。铜山风景名胜区融汇山峦、湖水、岛屿、潭瀑、洞穴、寺庙、革命遗址、神话传说、历史故事等风景名胜资源，集“雄、险、奇、秀”于一体，自然景观与人文景观相融合，以“一山一水一寺一圣地”构成了完整的风景名胜体系。

铜山，原名佛光山，因产铜而得名铜山。清代《泌阳县志》载：“在县东六十里，巅顶危峰突出，俯环众山，千态万状，云雨每出其下，霞彩时现，因谓为佛光山。”又以“险似华山，秀似黄山”被冠以“小武当”，“南朝金顶（湖北武当），北谒铜峰”的美谈流传至今。自东汉以来，佛道两家的释子道徒，在铜山修身养性，弘扬佛法道经，形成了丰富的宗教历史文化内涵。一天桥、二古庙、三宫观、四道天门、五大石崖、六大洞穴、七大寺院、八大景观、九大奇石、十座名峰等景点，美不胜收，令人目不暇接。

山上，云雾缭绕，危崖耸立；山下，洞谷幽深，林草茂密；群山之上怪石嶙峋，鬼斧神工奇妙无穷。山泉、飞瀑、红叶、怪石、河湖、寺庙相互辉映，可谓人间的仙境。历史上留传的农历六月十五的传统庙会，来自皖西、鄂北、豫南等地的香客日达数十万人之多，物资交易大会盛况空前。

铜山以独特的自然风光和人文景观，吸引着历代游客。相传，王莽赶刘秀曾在铜山激战；南北朝时期，以《水经注》闻名于世的郦道元曾数次登临铜山详考沘水之源；唐代的大将尉迟敬德登山游览，立碑纪念；唐末农民起义军领袖黄巢登山后咏诗激励斗志；明正德年间，官至吏部尚书、华盖殿大学士的焦芳曾“相从贤士大夫数辈而来”登山游历，并亲自撰写《重修铜山清凉禅寺碑记》。相传，清代顺治皇帝削发为僧到铜山清凉寺隐居。清代历任知县登峰观景，并留下很多赞美铜峰的诗篇。

铜山脚下便是南宫寺，踏入山门，穿过竹林小道便来到千年佛教、道教圣

雾锁铜峰

地——滴水崖，寺院南侧有一滴水石洞，常年滴水不断，泉水甘甜清冽，沁人心脾。西侧有一神仙洞，传说是祖师爷修仙之地。寺院佛道合一，常年香客不断，从滴水崖拾阶而上经好汉坡、回心崖、焦阁老碑、百丈崖、一线天、铜山云梯、得道石、天桥等景点，过四道天门可到达顶峰。立在铜峰之顶鸟瞰群山，满目葱茏，花枝烂漫，山峦起伏似巨龙飞舞，河流交错如飘带萦回，景区100多个著名景点尽收眼底，千里云海，河湖一线，水天一色，气象万千，使人心旷神怡，有回归大自然的感觉。

铜山湖又名宋家场水库，地处亚热带向暖温带过渡区，属长江流域。位于铜山脚下，湖南岸是铜山湖国家森林公园，该区域总面积15 000亩，其中水面11 000亩。湖边公路蜿蜒曲折，山径通幽，岗峦碧翠，草木茂密，怪石嶙峋。远望湖面烟波浩渺，近瞧湖水碧波荡漾，湖中龟岛、蛇岛、灵岛镶嵌其间，港汊交错，渔歌唱晚，而时常出现的“水怪”，更增添了铜山湖的神秘之感，加之万浪卷雪、林海松涛、松湾垂钓、半岛渔火、水上赛舟等景观，更增添了景区的无穷魅力，置身其中，使人流连忘返。

铜山风景名胜区，以秀丽的山水为主体，悠久的历史文化为内涵，能满足不同游客的需求，是求知、求新、求奇、求险、求佛、探胜的旅游胜地，被誉为“中原北戴河，天中大森林”。

• 中原漓江薄山湖 •

被称为中原漓江的薄山湖风景区位于确山县城南20公里处，距京广铁路仅2公里，交通便利。为首批国家森林公园、国家水利风景区、省级风景名胜区。薄山湖东西长20多公里，南北宽3公里。湖水面积22平方公里，水体绵延25公里，湖水容量达6.5亿立方米。湖周围森林覆盖率超90%。近年来，薄山湖依托丰富的山、水、林、野生动物、文物古迹等自然资源和人文资源，吸引了大批国内外游客来此观光览胜、休闲度假。

薄山湖是一个人造湖。是由高程130米和长度545米的混凝土大坝修筑而成。大坝巍然屹立在两座大山之间，沿湖四周，

薄山湖

群山环抱，峰峦隐现，苍松翠竹，湖光山色，一日景多变，四季情迥然。所谓水作青罗带，山如碧玉簪，一湖碧水青山两岸，都是对薄山湖的真实评价。

薄山湖风景区，由古朗陵景区、大坝景区、湖东景区、九龙沟景区四部分组成。著名景点有神驼戏水、猛虎啸天、湖心岛、野猪岭、锦鸡峰、将军壁、打狗潭、翠竹溪、猴儿崖等30多处。

薄山湖风景区也是动植物繁衍生息的天堂。景区内植物有1400多种，其中马尾松、杜鹃、枫香、珂楠为中国北缘分布树种；大叶朴、野皂荚为中国南缘分布树种；短绒野大豆、杜仲、绒毛皂荚、香果树为国家重点保护野生植物。薄山兰花品质优异，种类繁多，是中国北方著名的兰花品种资源库。景区动物近百种，仅鸟类就有白天鹅、鸳鸯、锦鸡等珍稀种类十多种，鱼类有桂鱼、鲳鱼、薄山松针鱼等三十多种。景区内盛产板栗、猕猴桃、八月炸、野山菌等名贵特产。

薄山湖也是历史与文化的集结之地。唐代大诗人李白曾在此地拜师、游学，大书法家颜真卿在此留有千古诗章；明太祖朱元璋御笔亲书“薄山”；现代艺术家慧眼识珠，中央电视台《西游记》《长征》剧组把这里作为外景地，“秀含千湖水、万千风光在薄山一湖”是艺术家杨洁、唐国强对薄山湖风景区的赞誉。

景区星级宾馆、游乐休闲、商务购物、交通通信等接待设施完备，并有天然浴场、情人度假村、军事夏令营、狩猎垂钓园等特色服务项目，是旅游观光、游山戏水、休闲娱乐的理想乐园。

• 淮汉分界白云山 •

白云山森林公园位于泌阳县，东距驻马店市区35公里，原为河南省八大国有林场之一的板桥林场，1993年获批建立省级森林公园，总面积8.7万亩。最让人感到新奇的是“一山源二水，东西分淮汉”。以白云山主峰为界，西边之水流入汉水，东边之水流入淮河。成为长江、淮河两个水系的分水岭。主峰白云山，据《泌阳县志》载：“山势雄伟，群峰环拱，为诸山之望。因常有云雾覆盖，故名白云山。”白云山主峰海拔983米，为驻马店市最高峰。

白云山森林公园内动植物种类繁多，有植物103科394种，有野生动物132种，森林覆盖率在95%以上，有保存完好的原始森林——香果树林，有被誉为中原第一的马尾松王，有千年夫妻银杏树。张良寺的钟声在晨烟暮霭中悠如远歌，龙潭瀑布一泻如虹。而两座山峰之间一律东向倾斜的萋萋芳草和经历了不知多少风雨的石刻棋盘更增添了白云山神秘的色彩。

白云山和白云仙桃的由来

在白云山北还有摩天岭和大顶山。两座山峰呈卧龙之势，十分雄浑壮美。该片区域属天然林保护区，茫茫林海，一望无际。这里春天莺飞草长，夏天野花怒放，秋天红叶连天，冬日落雪无声。原始的风貌让游人放飞心灵，回归自然。

南山北林之间，便是著名的板桥水库库区。板桥水库因20世纪“75 · 8”大洪水

白云山

而出名。重建后，板桥水库库容达到6.75亿立方米，它不仅水质优良，是驻马店市区的大水缸，更是市民休闲旅游的好去处。站在巍巍闸坝上，那王勃笔下"落霞与孤鹜齐飞，秋水共长天一色"壮美景色便会真实地呈现在眼前。

"月夜渔火"也是板桥水库又一大景观。每当明月高悬，山隐鸟歇，水声潺湲之际，游人可搭帐篷露宿湖岸，坝上灯光闪烁，水边渔火点点，置身于此，如梦似幻。

• 天然氧吧金顶山 •

金顶山是国家AAAA级旅游景区、国家森林公园。位于驻马店市驿城区蚁蜂镇境内，面积约71平方公里，境内有大小山峰6座。

景区处暖温带与亚热带过渡地带，有"天然氧吧""绿色家园"之美誉。因距驻马店市区仅20公里，所以又被称为"天中后花园"。景区内古树参天，谷深峰险，一派原始风貌。迎客门古风古韵，小木屋古色古香，金沙湖碧波荡漾，黑龙潭幽深碧透，神龟探幽妙趣横生，石虎、石马、石鸟、石龟形态逼真。望情石、望情岭讲述着美丽的传说，还有那飞天石瀑、金顶紫雾、云梦仙洞、金扇佛经让游人叹为观止。竹林寺、云空寺晨钟暮鼓，香客络绎不绝。

金顶山

金顶山不仅植被葱郁，林草茂密，野生动物种类繁多，是天然植物园和野生动物的乐园。置身山中，感受林幽鸟鸣、亭榭辉映、水光潋滟、山色空蒙的美景，呼吸着清新的空气，那真是心旷神怡。

由山涧溪水汇集而成的金沙湖、金溪湖、金龙湖，三湖相映，涧流蜿蜒曲折，时而汩汩流淌，时而汹涌澎湃。金沙湖、金溪湖、金龙湖错落有致，湖面清波荡漾，群山、林木倒映水中，犹如大师笔下的山水画卷。驻足此处令人流连忘返。

此外，金顶山神龙寨也是必游之处。神龙寨位于大金顶上，寨墙由石块垒成，依山就势、绵延万米，千百年来虽多有毁坏，但石阶、寨门依旧保存完好。据传，闯王李自成曾在此安营扎寨，屯兵备战。

• 人造洞庭宿鸭湖 •

宿鸭湖水库位于汝南县城西6公里处，始建于1958年，是目前亚洲面积最大的平原人工水库，号称“人造洞庭”。水库东岸南北大坝全长35公里，有百里长堤之誉。湖面东西最宽处15公里，库区面积达239平方公里，库区占地35万亩，常年水面11万亩，库容8.2亿立方米。是一座以防洪为主，结合灌溉、发电、养殖、旅游等多项目综合利用的大型水利枢纽工程。也是集国家鸟类保护区、国家湿地保护区于一体的水域观光型自然景区。

宿鸭湖库区湖面烟波浩渺、水天一色，它是国家水利风景区，早在2000年《中国湿地保护行动计划》一书中就把宿鸭湖列入中国重要湿地。2001年6月经河南省人民政府批准建立，自然保护区总面积167平方公里。

被称为“人造洞庭”的宿鸭湖，东岸是百里长堤，堤岸柳浪翻卷、倒影婆娑；一字排开，直插天际。湖泊远望水天一色，云蒸霞蔚；近观碧波荡漾，游鱼戏水。而西岸则是森林的王国和芦苇的属地，5万余亩的人工森林和万亩芦苇荡构成了宿鸭湖独特的景观。更值得一提的，这里还是鸟儿的天堂。截至2014年年底，河南共有鸟类385种，其中越冬候鸟45种。而宿鸭湖湿地有记录的鸟类就有130多种，占全省鸟类种数的三分之一还要多。宿鸭湖湿地物种丰富且呈生物多样性特色，其中不乏珍稀动物，有国家一级保护野

宿鸭湖

生动物白鹳、白肩雕、丹顶鹤等3种，国家二级保护野生动物黄嘴白鹭、大天鹅、小天鹅、鸳鸯、鸢、苍鹰等21种，河南省重点保护野生动物9种，列入《濒危野生动植物国际贸易条约》的鸟类有9种，列入《中日候鸟保护协定》的有57种。每年越冬之时，超过10万只的候鸟来此越冬休栖，每至此时前来观鸟者和摄影爱好者从全国各地齐聚于此，场面蔚为壮观。

如今，宿鸭湖湿地已成为“珍禽王国、候鸟天堂”，越来越多的游客到此观光旅游。

宿鸭湖畔名胜古迹也很多，如仙女桥、壶仙观、燕亭、金城、白马将军庙等，也都是游人所爱之处。

• 千年教廷——乐山 •

乐山景区位于确山县城西北7公里处，由高低不同的9座山峰组成。乐山属伏牛山余脉，主峰海拔813.2米，方圆68平方公里，是国家森林公园。整个山脉群峰叠峦、逶迤绵延，森林覆盖面积达90%以上，自然生态品种丰富，漫山遍野绿色苍翠、奇石厄立、云雾缭绕、鸟语花香、溪水潺潺。景区的空气负离子含量每立方米在6000个以上，最高时达1.7万个，是城市区内空气负离子含量的150倍以上。乐山不仅是人居养生休闲的天然氧吧，也是中原地区知名的道教文化名山，2014年被批准为

乐山

国家AAAA级旅游景区。

乐山之所以被称为道教名山，主要是因为它的历史悠久和规模宏大。据史料记载，乐山在隋唐时期已建有道观，至北宋达到鼎盛，建有“八宫二观一拜台”，即万寿宫、遇真宫、玄都宫、南海宫、斗母宫、灵应宫、玉虚宫、紫霄宫、回龙观、群仙观、拜台宫。乐山顶上紫霄宫曾有三件镇山之宝——玉皇大帝、元始天尊、太上老君三座铜像，每座铜像背后刻有“大宋崇宁三年恭造，重叁万伍千斤”字样。由此亦可见乐山道教的规模之盛之大。可惜这三座神像在新中国成立初期被毁，留下历史遗憾。

北宋时，崇信道教的宋徽宗曾三次敕封乐山祖师，“初封崇仁侯，再封仁勇公，又封嘉济王，建庙祀神久矣”。皇帝敕封，香火旺盛，乐山当时已成为远近闻名的一座道教名山。与湖北武当山（因祖师殿上覆金瓦，称金顶）、泌阳铜山（因祖师殿上覆铜瓦，称铜顶）并称中原道教三座圣山。因乐山祖师殿上覆以铁瓦，故以铁顶著称。古代乐山道教影响很大，鼎盛时每年庙会从三月初一绵延至月底。不仅河南各府州县香客众多，连周边安徽、湖北、江苏、浙江等省份前来朝拜者也络绎不绝，甚至组成朝山会，数十人、数百人一起前来登山祈福问道。

如今，美丽的乐山又焕发了新貌。“乐”字门音乐喷泉广场，花海梯田、花园迷宫、聚仙亭、重阳广场、三面观音等新景观层出不穷，吸引了无数游客驻足流连。尤其是紫霄宫旁的三面观音像成了乐山风景区的新标志。

这座三面观音像，代表观音菩萨的三种法身，整体塑像采用花岗岩精心雕塑而成，高28米。东为如意观音，象征着事事如意；西为滴水观音，喻指清澈的香水，洗净众生的烦恼与污垢；南为送子观音，为广大信众传递福音。或许正是乐山是千年道教圣地，景区的建设者才把象征佛教的三面观音像“请”了过来，让佛道同山这样的故事在乐山又书写了新的传说。

秀公戒师和尚塔

秀公戒师和尚塔，又名普照寺塔，系金代高僧秀公戒师和尚的墓塔。该塔位于平舆县李屯镇普照寺村北。

秀公戒师和尚，扶沟县人，俗姓张，七岁出家，到郾城县（今属漯河市郾城区）彼岸寺百法院受业，三十余岁主持普照寺。金明昌四年（1193），秀公戒师和尚圆寂后，其弟子广全、广尔、善超、善惠等建造此塔，金明昌五年八月告竣，历时九个月。普照寺中除秀公戒师和尚塔外，还有大佛殿、中佛殿、天王殿、关帝殿、毗卢殿及僧舍数十间，元末悉毁于战火。普照寺在清代咸丰年间，被路经此地的农民起义军捻军拆迁一空，现仅存秀公戒师和尚之墓塔。

该塔为六角七层楼阁式砖塔，通高15.31米，石质塔刹。下部为塔基，高1.86米，用31层砖垒砌而成，塔基边长2.6米。每层塔顶部用砖砌出普柏枋，上置斗拱，承托各层塔檐。塔顶用七层砖反垒砌而成，上承石质塔刹。石质六边形刹座上承三重相轮及刹尖，刹杆固定在第七层藻井顶部木板上，上部穿入刹座、相轮及刹

普照寺塔

尖。二层塔门上方有铭文，记述了金代高僧秀公戒师和尚“心田皎净”，毕生追求“旷达玄妙”的僧侣生涯与坎坷人生。

该塔铭文中还记述了金代僧人办的抚恤收养机构谢塘福胜院，亦从一个侧面使后世了解到金王朝在南宋政权和蒙古政权的夹击下，历年战争，青壮年多被迫应征从军的社会状况。残酷的战争使中原地区人口锐减、社会动荡不安、人民流离失所，少年失父、老年丧子的悲惨状况比比皆是，可谓老无所养，孤寡充盈。秀公戒师和尚办谢塘福胜院，表现了他对人民苦难的同情和他令人钦佩的品行。这对金代佛教的研究无疑起着弥补的作用。

秀公戒师和尚塔外有多处砖刻花卉及佛像，形态各异，种类繁多，雕刻精致，题记清晰，时代特征明显，具有极高的艺术价值。该塔塔基为六边形，层层收敛，斗拱形态各异，但又浑然一体，设计巧妙，形象丰富，是一组匠心独具的艺术佳作，具有较高的旅游观赏价值。2013年，被国务院公布为全国重点文物保护单位。

• 正阳石阙 •

正阳石阙位于正阳县城东关烈士陵园南端。石阙的主人是谁呢？据北宋欧阳修《集古录跋尾》和其子欧阳棐《集古录目》记载，石阙的主人是东汉永乐少府贾君。贾君的籍贯是正阳，担任东汉永乐宫少府别作监令，品秩六百石，去世后葬于此，并建此阙。原为双阙，东西分立，现存的为东阙。按《白虎通义》说：“阙者，所以饰门，别尊卑。”在汉代，阙是被封建统治阶级用来标饰门面、炫耀声势的建筑。因此，贾君墓阙当系贾氏墓地前的大门。就其性质来说，属于墓阙或神道阙。它组成了整个墓地建筑群的序幕，它作为墓地前的陈设物，标志着贾氏墓地的范围，是该墓地一种比较特殊的界碑。

正阳石阙为单檐四阿顶式子母阙。正阙通高4.25米，子阙高3.05米，由局部刻有画像的石块构砌而成。其结构为：下有基座三层，自下而上第一层东西长3米，南北宽1.73米，高0.23米；第二层东西长2.66米，南北宽1.5米，高0.23米。其中第一层石材未经加工，为不成形的石块，第二、三层为正规石材。基座上为阙身，由18块石材组成，高3.59米，通体以竖纹、斜纹为主。正阙东、南两面可见雕饰、浅浮雕、人物、牛、龙和花纹等图案，北立面有云雷纹、漩纹以及五铢钱纹等雕饰。阙身前后的阙铭和阙款均已佚，只剩下存放铭文和款石的空龛。最上层为阙顶，阙顶只存屋面层，为单檐四阿式，脊饰已无存；四面出檐均为0.23米。子阙阙顶三面出檐均为0.35米，阙顶形式也为单檐四阿式。

正阳石阙建造于东汉画像石刻极为兴盛的时期，是工匠师综合建筑、雕刻、绘画、装饰等技艺创造出来的一组具有代表性的石刻艺术作品。它那雄浑古朴的气势和生动细致的手法，充分显示了汉代人民的伟大艺术创造才能。它不仅具有重要的历史价值，而且也具有很高的艺术价值，不愧是我们民族历史文化中的一份瑰宝。

正阳石阙作为子母阙，所表现的砖石结构的内涵尤为丰富。观察阙身可以约略领会东汉时代陵墓前石阙的大体形象、创造与演变迹象，对研究中国古代木构造建筑的发展过程也有一定的参考价值。

正阳石阙的单檐正阙傍依单檐子阙，正阙与子阙高矮不等，造型一致，稳重挺拔，错落有致，整个建筑的轮廓既显得活

正阳石阙

泼有变，又庄重简洁。阙身的雕刻汇集了圆雕、高浮雕、浅浮雕、线雕等雕刻技法，其中圆雕的瑞兽、飞禽，浅浮雕的五铢钱币等都极其形象生动，和建筑物结合得非常贴切，具有很好的装饰效果，显示出画像雕刻与建筑造型具有和谐统一的艺术构思。其高超的建筑、雕刻技术对于当今工程建造设计，仍然具有十分重要的参考价值。

汉代石阙是中国现存地面建筑实物中年代最早、保存最完整的建筑类型，因此正阳石阙作为全国仅存的几处汉代墓阙之一，其价值之高是不可估量的。2013年5月被国务院公布为全国重点文物保护单位。

名品荟萃

——品质如花香自来

俗话说一方水土养一方人。一座城市，一个地方，人们从不需要想起，也从来不会忘记的，往往就是当地独有的特产。随着科学技术发展，更多的优质产品走进了我们的生活，但是，那些极具地方特色的产品却始终伴随在身边，不仅没被淘汰，反而发扬光大，成为当地的名牌，有的甚至还走出国门，享誉海外……

王勿桥醋

王勿桥醋始于东汉时期，至今约有两千年的历史。相传，新莽末年，刘秀参加农民起义，为避王莽追杀，逃到正阳县的望雾桥，当时是人困马乏，饥渴难忍。突然发现路边有口水井，就取水解渴，饮罢精神大振，连声叹道："神井，神井！好水，好水！"后来，刘秀兴复汉室，做了皇帝。当地百姓就用刘秀饮过的井水酿醋，果然味道鲜美，不同寻常。为了纪念此事，当地将望雾桥改成王勿桥。

据清康熙年间的《正阳县志》记载："王勿桥用井水酿醋，气味芳醇，超山陕出品，并能疗多病伤。"经过千年传承，发展，王勿桥醋正以新的面貌呈现出它的独特品质和魅力，深受当地百姓的青睐。是中部地区食醋的代表，更被誉为中国小麦食醋第一品牌——"民间奇醋、举世无双"。

王勿桥醋是中国历史名醋，以优质小麦为原料，用古井水迎初伏，由制醋名师采用秘方，精制入缸，经140个日晒夜露，自然发酵而成。成品再入地窖，存放3～5年方食用。因而王勿桥醋富含多种维生素和微量元素，独具"深褐清晶，浓香厚醇，酸而不涩，香而微甜，营养丰富，久存不腐"等特点。

王勿桥特殊的地域环境，独特的生产原料，千年的传统工艺，现代科技管理共同铸就了王勿桥醋今日的辉煌。

成立于1975年的河南省王勿桥醋业有限公司（原王勿桥醋厂）经过40多年的发展，已成为国内唯一一家专业从事以小麦为原料，利用传统工艺固态发酵，集研发、生产、销售、出口为一体的现代化综合型企业。是河南省酿造学会、调味品工业行业协会常务理事单位。先后获得2015年度中国"十大诚信企业"、"河南省质量管理先进企业"、"河南省百佳诚信示范企业"、2015年度"市长质量奖"、

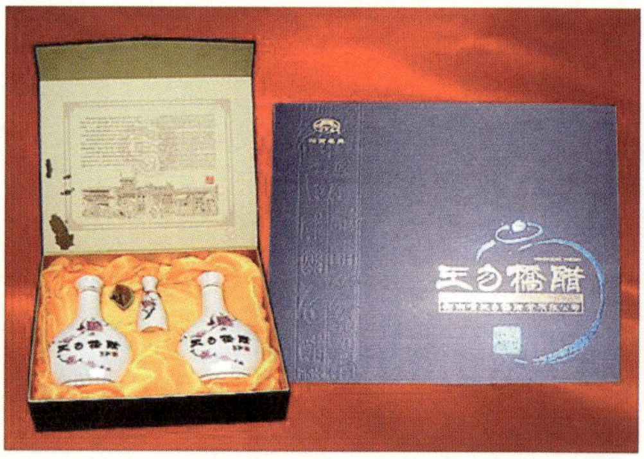

王勿桥高档食醋

"驻马店市优秀农业产业化重点龙头企业"等80多项荣誉。

不仅如此，作为中国历史名醋，2011年"王勿桥醋手工制作技艺"还被列入河南省非物质文化遗产名录。

2017年"王勿桥醋"通过中国绿色食品发展中心审核，被认定为"绿色食品"；2004年起连续三届被评为"河南名牌""河南省著名商标"；2014年1月被认定为"中原贡品"；2015年10月被河南省商务厅评为"河南老字号"；2015年被评为"值得消费者信赖的十佳食醋品牌"。

• 汝南五香鸡汁豆腐干 •

五香鸡汁豆腐干是汝南县传统特产食品，自唐朝中期成名以来，以其独特的风味受到人们的欢迎。在其传承的历史中又几经改良，形成了特点：色鲜味美，筋韧适口，鸡汁味浓郁，细品又五味俱全。

传说，唐建中年间，李希烈在蔡州（治所在今汝南县）任淮西节度使，军营上下都喜爱用豆腐干佐酒。他每晚处理完军务后，也喜就五香牛肉和豆腐干小酌。一晚，天气奇寒，滴水成冰，厨师望着冻得硬邦邦的豆腐干无从下刀，就好心地放到鸡汤中煮热，切拌好端上去。厨师唯恐李希烈责怪，正欲解释，哪知李希烈刚尝一口，就拍案叫绝，连连称赞：今晚的豆腐干是我到蔡州以来吃到的最上乘之品，堪称蔡州一绝。从此，蔡州的豆腐干在制作中，就加上了鸡汤卤制这一道工序。唐中期，淮西节度使吴元济在蔡州拥兵割据时，也酷爱以汝南豆腐干佐酒，大小宴席必备。因此，汝南豆腐干一时风靡，传遍淮西。

据北宋陶穀所著《清异录》载，各类豆制品在公元前200年前就有制作。豆腐的生产也由来已久，豆腐品质细腻、口感滑嫩、味道鲜美。但因其含水量大，不宜久存，聪明的人们便想出一个办法，把豆腐经卤制后晾晒成豆腐干来解决存放问题。汝南生产的豆腐干自古就名重中原，不过，它只是中原食客眼中的美食。

清康熙初年，来汝南落户的浙江酱菜师傅吴蛮子吃到汝南鸡汁豆腐干后虽赞不绝口，但总觉得不对南方人的口味，于是便对此特产加以改良，巧妙地掺入江南风味，不仅北方客人欢迎，南方商贾也很赞赏，产品很快传售至黄河以北、长江以南等地区。

五香鸡汁豆腐干以优质豆腐和母鸡汤为主要原料，并佐以适量的大茴香、花椒、丁香等数十种调味品加工而成，其制作工序复杂，质量要求严格。一是将制好的千层豆腐切成一寸见方的小块；二是选无病的新鲜肥母鸡，宰杀、洗净后放入锅内，加卤料、清水熬煮，制成卤汤待用；三是将豆腐块放入肥母鸡熬煮的原汤中，按配方加入些作料，或浸，或煨，或煮，几经不同火候卤制后出锅，在通风处晾晒至干始成。

成品豆腐干约一寸见方，外带酱褐色，有光泽，内似琥珀半透明，温水浸软后，切成薄片或细丝，凉拌鲜美可口，热炒则余味久远，更为佐酒之上乘佳品。汝南五香鸡汁豆腐干不加任何添加剂，食之不仅清素爽口，还含有丰富的营养。据有关部门化验，其产品蛋白质含量为49.16%，脂肪含量为22.1%，还含有氨基酸、糖类等营养成分。久食，可滋阴补肾，促进儿童发育，还可防治老年骨质疏松症，实为招待宾客之佳肴，赠送亲朋好友之上好礼品。

民国时期，汝南城内有“涌兴泉”“恒春”“长春园”等20多家豆腐坊和酱菜园，加工制作五香鸡汁豆腐干的毛坯或成品。但全系手工操作，不能大批量生产，产品远不能满足市场要求。

改革开放以来，汝南先后拥有县副食品加工厂、县供销社酱菜调料加工厂和多家民营食品加工厂生产五香鸡汁豆腐干。生产已改用半机械化，产品质量和产量也不断提高。包装全改为高压真空包装，或块装或切片，既易储存，又便于装箱远运。

1981年以来，《人民日报》《河南日报》《市场报》相继为五香鸡汁豆腐干做了专题介绍。1985年，五香鸡汁豆腐干被收录在《河南土特产资料选编》一书。时至今日，汝宁府特色食品有限公司生产的五香鸡汁豆腐干更是香飘万里，被评为“天中名吃”。

• 确山凉粉 •

确山凉粉作为一种特色面食小吃，在确山延续了上千年。由于其独特的制作工艺、绝佳的风味，长期以来，一直深受广大食客的喜爱，如今已经成为享誉中原的地方名吃了。在外的确山游子每回家乡，都要到小吃市场吃上一碗地地道道的确山凉粉，深切感受家乡的风味。

据清乾隆年间的《确山县志》记载："确山一地盛产豌豆之凉粉，色若琥珀，口感爽滑，弹性适中，食之有清热、驱火、凉血之功效。"

确山豌豆凉粉用料特别讲究，一般的豌豆是不用的，只用确山杨店、顺山店一带所特产的铁豌豆，俗名药豌豆。这药豌豆，种植不易，产量又低，所以格外珍贵。其豆形如绿豆大小，色泽黝黑，质地坚如铁、硬若石。存放起来老鼠不咬，虫子不噬。

制作凉粉的过程同样繁杂，首先要将豌豆淘洗干净，其中不能有任何杂质。然后要用清水浸泡两天，其间还要换一次水。等豌豆泡软后，用石磨将其磨成豆浆。将豆浆上面的虚沫撇走扔掉，留下好浆进行发酵。24小时后，置一铁锅于灶上，内倒适量清水，下面用麦秸火烧。等锅内水烧开后，将发酵好的豆浆缓缓倒入锅内，用一木勺不停地顺时针搅拌。等锅里的豆浆烧开了，灶内的火立即变小，只需少许麦秸燃烧，使灶内有微火存在，使锅内的豆浆一直处于轻微沸腾的保温状态。估计1小时后，豆浆已经熟透，将火熄灭。用木勺将豆浆舀出倒入提前洗干净的瓦盆中。倒满一盆后，用一白布覆盖放到一边等其放凉。12小时后，掀开白布，盆内凉粉已成。将其盆倒扣于案板或锅盖之上，晶莹如玉的凉粉就呈现在你的面前。

做凉粉也称为打凉粉，看似简单，实则不然。就说烧火一事，只能用麦秸火，其他木材绝对不可用，否则凉粉未熟，锅底已经煳了。如果用其他柴火，即使凉粉不煳，也熬不出那特有的小麦融合豌豆的清香之味。一般的凉粉，只要锅里豆浆一滚熟就可以出锅，而这确山豌豆凉粉则不行，必须用小火慢慢地熬上1小时，才能熬出其特有的滋味。

由于确山凉粉名声在外，许多外地的客人到确山时，确山凉粉都会是餐宴必点的美食。

• 驻马店的胡辣汤 •

在2002年中央电视台春节文艺晚会上，当“驻马店的胡辣汤”从著名军旅歌唱家王宏伟的口中唱出时，驻马店人颇为骄傲和自豪。中央电视台八套播出的电视连续剧《炊事班的故事》中的河南炊事兵小毛在招待河南来的媳妇红妹时说：“哪儿的胡辣汤都不好喝，就驻马店的胡辣汤好喝。”中央电视台节目主持人文清和歌星叶凡来驻马店参加全国东西部合作经贸洽谈会演出时，一连几天喝驻马店的胡辣汤，而且每次都喝两碗。“驻马店的胡辣汤”像一张名片，传遍大江南北。

而在驻马店，胡辣汤是最普通不过的传统早餐之一。只要是卖早餐的地方，一般都会有胡辣汤。早上穿行在背街小巷，随处都可以闻到胡辣汤的香味。

其实，驻马店胡辣汤作为营养丰富的地方饮食，已有1000多年的历史。胡辣汤最早出现在唐宋时期的蔡州（治所在今汝南县），它最显著的特点就是风味独特、味道鲜美、回味悠长。主要原料有：牛肉（或羊肉、鸡肉）丁、面筋、黄花菜、豆腐干丁、海带丝、木耳丝、粉条、花生米等。因为胡辣汤的精华在于汤，必定要用好的肉汤。所谓好的肉汤就是用最好的牛骨（或羊骨、仔鸡）长时间熬制，再配以五香八大料等。胡辣汤里面的菜很杂，几乎每一家卖胡辣汤的所用的菜都不相同，但万变不离其宗，所有的味道最后都融入了那浓浓的、既鲜又麻又辣的汤里。

要说哪家的胡辣汤好喝，不同的人会说出不同的地方，但是每个驻马店人都会说出这几家胡辣汤店的名字：开胡辣汤连锁店最多的曹运洪胡辣汤，清真寺附近的李老婆胡辣汤，风光路上的赵记鸡肉胡辣汤，还有京都饭店的马家胡辣汤……

胡辣汤，驻马店经典小吃之一，可以说凝聚了该地小吃的精华。

• 千年佳酿魏公酒 •

追溯魏公酒的来源，还要提到一千多年前的汉魏时期。魏公酒厂厂址所在的囤庄和魏桥皆与曹操有关。据当地地方史料记载：东汉末年，曹操率领几十万大军南征讨伐孙权，大军行至小清河的北岸，突降大雨，小清河河水暴涨，大军无法通过，便住在北岸数里地的范围内。曹军随后建了很多将士营房和简易军营，用来住宿和囤积草料、战马、军械等军需物资。大雨连下了数月，雨停后大军撤离，留下了曹军建的营房，还有在小清河上建造的一座石桥。逃荒的难民不断地住进了营房。中原对农村的叫法是村或庄，可这些难民七姓八家住的是囤放物资的军营，所以就起名叫囤庄，时至今日仍然叫囤庄。小清河上的石桥是曹操建的，曹操人称魏公，儿子建立魏国，所以人们称这个石桥为魏桥，现在的群众叫这个区域也是魏桥。

而魏公酒的来历就更为传奇。相传年轻时的曹操机智警敏，有随机应变能力。梁国的桥玄看出他的不平凡，就劝他去找汝南郡的许靖、许劭兄弟。许靖、许劭兄弟皆是著名的贤士，为治理国风，抑恶扬善，在平舆的清河岛上开办了一个讲坛，每月初一命题清议，称为“月旦评”，评论乡党，辨人之好坏，分忠奸善恶。凡得好评之人无不名声大振，一时引得四方名士慕名而来。

曹操就去求见许靖、许劭兄弟，对兄弟二人说：“两位看我是一个什么样的人？”许劭说：“君乃治世之能臣，乱世之奸雄。”曹操大笑，随即买来好酒好菜，与许氏兄弟共饮，成为好友。曹操举着酒杯说：“真是好酒，他日我若成了霸业，此酒就是贡酒。”不久，曹操便被任命为洛阳北部尉。

东汉中平六年（189），曹操“散家财，合义兵”，从汝南郡买回与许氏兄弟喝的美酒十万斤，为义兵壮行，号召天下英雄讨伐董卓。建安五年（200），官渡之战袁绍率领几十万大军向曹操发动进攻。曹操兵力不过几万人，据《三国志·武帝纪》说：“兵不满万，伤者十二三。”

两军攻守相持近两月。久战之下，曹操派人从汝南郡买回美酒十几万斤与将士同饮，说："此战必胜，请饮此酒。"曹操派遣大将偷袭乌巢，大获全胜，斩首七万余级，创造了中国战争史上以少胜多、以弱胜强的著名战例。

建安二十二年（217），曹操征讨江南孙权，几十万大军行至小清河北岸，天突降大雨，河水暴涨，大军安营扎寨。为叫将士们喝上好酒，差人到汝南郡找最好的烧酒匠来小清河烧酒。烧酒匠来后先找水，将士们给他提了桶小清河水，烧酒匠一尝高兴地说："甘甜爽口，是烧酒的好水。"就在小清河北建了个烧酒作坊（今魏公酒厂北墙内），烧出的第一锅酒献给了曹操，曹操饮后高兴地说："真乃汝南郡美酒！"曹操兴发，连喝三碗。感念汝南郡的美酒，曹操就将此酒定为贡酒。此酒也被称为"魏公酒"。

现在的魏公酒厂家利用本地无公害原粮生产基地优势，打造原生态发酵酿造与窖藏，以科学的配制、科学的管理使魏公酒享誉天中大地。近年来魏公酒不断丰富企业文化内涵，提升产品形象，开发出20多个品种系列，形成独具特色的清香型白酒。

『非遗』概览

——传奇之都说传奇

在驻马店，人们常常惊讶于这块土地是一个生长传奇的地方。她不仅有确山打铁花、西平遂平大铜器、汝南罗卷戏这薪火相传的文化遗产，同时还拥有中国盘古圣地、中国女娲之乡、中国嫘祖之乡、中国重阳之乡、中国冶铁之乡、中国车舆之乡、中国梁祝之乡等众多称号，是绝对货真价实的传奇之都。从这个意义上讲，天中大地文化的禀赋，正是天中人自豪的出处。

范张鸡黍　王祥卧冰　元伯巨卿

盘古神话

盘古是中华民族的始祖，是华夏人文明智慧、勇敢无畏、战天斗地、自强不息精神的象征。

中国盘古圣地，位于泌阳县盘古乡的盘古山，这里是传说中当年盘古开天辟地、繁衍人类、造化万物的地方。2005年12月4日，中国民间文艺家协会正式命名泌阳县为“中国盘古圣地”（相邻的桐柏县被命名为“中国盘古之乡”）。2008年，盘古神话入选第二批国家级非物质文化遗产名录。

有关盘古开天辟地的创世神话的记载最早见于三国时吴国徐整的《五运历年纪》：“天气蒙鸿，萌芽兹始，遂分天地，肇立乾坤，启阴感阳，分布元气，乃孕中和，是为人也。首生盘古，垂死化身；气成风云，声为雷霆，左眼为日，右眼为月，四肢五体为四极五岳，血流为江河，筋脉为地理，肌肉为田土，发髭为星辰，皮毛为草木，齿骨为金玉，精髓为珠石，汗流为雨泽，身之诸虫，因风所感，化为黎氓。”

南朝梁任昉《述异记》也有类似的记述：“若盘古之死也，头为四岳，目为日月，脂膏为江海，毛发为草木……盘古氏，天地万物之祖也，而生物始于盘古。”

盘古神话在泌阳县经过民间传承，

盘古圣地

又有了更为生动、传奇的版本。北魏郦道元在他的《水经注》中明确记载："泌阳故城，城南有蔡水，出盘古山，亦曰盘古川，西北流注于泌水。"蔡水所发源的盘古山就在泌阳县盘古乡境内。

神话从远古时期一场毁灭性的灾难开始。当时天地处于混沌状态，在神的启示和帮助下，一家复姓盘古的兄妹，先造天，后造地，上天又恩赐给他们山川树木、五谷杂粮，命盘古兄妹滚磨成亲，结为夫妻。盘古奶先后生了两胎，但都是肉疙瘩。盘古爷盛怒之下用砍柴刀砍开肉疙瘩，没想到一个肉疙瘩里是一百个白白胖胖的女婴，另一个肉疙瘩里是一百个活蹦乱跳的男婴。这一百对孩子很快长大成人。盘古爷便让他们从事不同的劳动。从事什么劳动，就叫他们什么名姓，于是，产生了百家姓，百家盘古后代渐渐繁衍壮大，最后发展成如今的人类世界……

盘古开天辟地创造世界的神话流传久远。泌阳县盘古山保存有盘古庙、盘古井、盘古墓、盘古楼、大磨、百神庙、甜水河等大量的考古实物，保留有一套完整的有关盘古文化的神话传说和域名体系，具有丰富的盘古文化资源和深厚的盘古文化底蕴。

"重阳节"民俗

上蔡民间流行着关于九九重阳节起源的故事。相传，有一年汝河两岸起了瘟疫，由于病死的人太多，野外到处是没人收葬的尸首。一个名叫桓景的人，父母都死于瘟疫，他听说东南方向的山里边住着一个名叫费长房的仙人，决心去投奔这位仙人，求得战胜瘟魔的本领。费长房果然收桓景为徒，给他一把降妖青龙剑。桓景不分昼夜地练习。转眼又是一年，那天，桓景正在练剑，费长房递给他一把茱萸，一瓶菊花酒，吩咐道："今年九月九，汝河瘟魔又要出来。你赶紧回乡，让父老乡亲登高避祸。"

桓景回到家乡，把大仙的话告诉了大伙，把茱萸和菊花酒也分给了乡亲们。九月九那天，桓景一家和全村的乡亲都登上了附近的一座高台。桓景把乡亲们安排好，就带着降妖青龙剑回到家里，独坐屋内，等待与瘟魔交战。

不一会儿，只听汝河怒吼，怪风旋

上蔡民间工艺品茱萸香囊

起。瘟魔由水中而出，走进村庄，却见家家空舍，户户无人。瘟魔忽然发现人们都在附近的一座高台上，就冲了过去。瘟魔窜到高台下，只觉得酒气刺鼻，茱萸冲肺，不敢再往前走，就返身向村里走去，进得村来，东冲西撞，十分疯狂。转眼间，全村的牲口家畜死个精光。瘟魔来到桓景的门口，见桓景在屋中端坐，就扑了过去。桓景挥剑迎战。斗了几个回合，瘟魔体力不支，拔腿就跑。桓景“嗖”的一声将青龙剑抛出，只见宝剑闪着寒光向瘟魔追去，瘟魔后心中剑，应声倒地，化作一缕青烟，不知去向。

百姓们傍晚回村，都感谢桓景让大家躲过了一场灾难。此后，汝河两岸的人们每到九月九日，就离开家，郊游登高，插茱萸、饮菊花酒，逐渐形成了节日。

• 梁山伯与祝英台传说 •

《梁山伯与祝英台》是中国汉族民间四大爱情故事之一，是中国最具魅力的口头传承艺术及国家级非物质文化遗产，堪称汉文化的瑰宝。梁山伯与祝英台传说也是为数极少的在世界上产生广泛影响的中国民间传说，被称作“东方的罗密欧与朱丽叶”。该故事自西晋始，在民间流传已有一千七百多年，可谓家喻户晓，被誉为爱情的千古绝唱。从古到今，有无数人被这个悲惨爱情故事所感染。

2006年，汝南的梁山伯与祝英台传说入选第一批国家级非物质文化遗产名录。

据专家考证，“梁祝”故事发源于汝南县马乡镇（今梁祝镇），故里遗址现有梁祝墓、梁庄、祝庄、马庄、红罗山书院、鸳鸯池、十八里相送故道、曹桥（草桥）及梁祝师父葬地邹佟墓等。

《梁山伯与祝英台》故事是这样的：很久以前，汝南祝家庄有一个姑娘叫祝英台，她生得聪明而又美丽，不但会绣花剪凤，还喜欢写字读书。她长到十五六岁了，就一心想到学馆里去读书。

可是，那时候是不让女孩子外出读书的，怎么办呢？英台和丫环商量出一个好主意：假扮成男孩子的模样去求学。于是祝英台打扮成一个公子模样，丫环打扮成书童，俩人互相看了看，还挺像的，不禁高兴地笑起来。

祝英台的父亲正在厅堂里喝茶，忽然看见一个书童领着一位公子进来向他行礼，他慌忙起身答礼让座，还请问公子尊姓大名。祝英台一看连父亲也瞒过了，别提多高兴了。她于是卸装露出真容，使父亲大为惊讶，嗔怪女儿调皮没有规矩。祝英台趁机向父亲说了要外出求学的想法。父亲说：“自古以来哪有女子外出求学的？即使是假扮成男的，在外生活也有许多不方便。”可是祝英台坚决要去，父亲拗不过她，只好同意。

祝英台假扮成男子，丫环扮作书童离开家求学去了。她们走了一程，觉着热了，就来到路旁小亭子里休息。这时，路上走来一个书生和一个书童，也到亭子来歇脚。他们互相问候，祝英台才知道这位书生叫梁山伯，也是到前边的红罗书院求学的。祝英台和梁山伯谈得十分投机，两人在亭子里就结拜成兄弟，梁山伯比祝英台大两岁，于是祝英台称梁山伯为兄，梁山伯称祝英台为弟，随后高高兴兴一同上路了。

祝英台和梁山伯来到红罗书院，拜见了先生。先生见到这两位聪明英俊的少年来求学，很是高兴。

先生把他俩安排在同一张课桌上学习。梁山伯对祝英台像对自己的亲弟弟一样，十分关心爱护。两个人从早到晚在一起，成了最要好的朋友。

祝英台和梁山伯同住一个房间，祝英台为了不让梁山伯发现她是女的，就把两个书箱隔在俩人的床位中间，书箱上还放上满满一盆水，她告诉梁山伯睡觉时要老实，要是乱滚乱动，把盆里的水弄洒了，她可要告诉先生重重地罚他。所以梁山伯总是规规矩矩，从不乱动，一直没有发现祝英台是个女孩子。

可是祝英台女扮男装的事，早被细心的师娘看出来了。师娘把祝英台叫到跟前，说破了真相，祝英台要求师娘保守秘密，师娘答应了，并对这个聪明的女孩子更加细心关照了。祝英台有什么难处和心事，也都来对师娘讲。

时间一晃三年。一天，祝英台接到家信，说她的父亲病了，要她赶紧回去。祝英台向先生请了假，又来找师娘。说她和梁山伯同学三年，梁山伯为人诚恳热情，学习勤奋，她已经深深地爱上了他。她把一个玉扇坠儿交给师娘，托师娘做媒，等她走后，为她向梁山伯提亲。

祝英台将启程回家的时候，梁山伯一定要亲自送她。他二人一路上相依相随，总是不愿意分手。祝英台要向梁山伯表露自己的爱情，又不便直说，只好打着许多比方来启发梁山伯。

他们看到河里有一对鹅，祝英台就唱道：

前面来到一条河，河里游着一对鹅，公鹅就在前面游，母鹅后面叫哥哥。

老实厚道的梁山伯没有听懂她的意思，继续往前走。祝英台又唱了好几首比喻男女爱情的歌，梁山伯还是没有明白。祝英台开玩笑说：“你真是一只呆头鹅！”

祝英台又指着池塘里的一对鸳鸯唱道：

青青荷叶清水塘，鸳鸯成对又成双，英台若是红妆女，梁兄啊，你愿不愿意“配鸳鸯”？

梁山伯叹了一口气说：“可惜你不是女红妆啊！”

祝英台见梁山伯还是不明白，便说：“我家有个九妹，我和她是双胞胎，长得和我一模一样，我愿做媒，让九妹和你结为夫妻，你愿意吗？”梁山伯本来很爱祝英台的才貌，一听说九妹和她生得一模一样，就高兴地答应了。

他们相送了十八里，才恋恋不舍地分手了。临别的时候，祝英台和梁山伯约定在七月七日到祝家相亲。

祝英台回到家里，父亲的病早就好了，他让祝英台换成女孩子的装束，不让她再外出读书了。这时恰巧有一家姓马的大财主来求亲，父亲就把祝英台许配给马家的儿子。祝英台坚决不答应这门亲事，她对父亲说她已爱上了梁山伯，并且托了师娘做媒。可是父亲反对说："从来儿女的婚姻都是由父母做主的，女孩子自己在外面找男人，像什么话？"硬要祝英台嫁给马家。

自从那天梁山伯送别祝英台后，回到学馆，他继续用心读书，竟把七月七日去祝家提亲的事忘得一干二净，直到师娘拿着玉扇坠儿来，说明祝英台托她提亲的事，梁山伯才恍然大悟，知道了祝英台原来是个女的，她说的九妹就是祝英台自己啊！梁山伯立刻向先生请了假，赶到祝家去和祝英台会面。

梁山伯来到祝英台家里，看见英台完全恢复了女子打扮，显得更加美丽可爱。他说出师娘为他们提亲的事，哪知祝英台一听这话就大哭起来，她说："梁兄啊，你为什么这么晚才来呀？我父亲已经硬逼把我许配给马家了！"梁山伯一听，又是吃惊，又是难过，心都碎了。俩人就抱头痛哭起来，他们互相发誓，无论谁也不能破坏他们之间深厚的爱情，两个人要永远在一起。他们的哭声被祝英台的父亲听见了，祝员外怒气冲冲地跑上楼来，把梁山伯赶出家门，将祝英台严加看管起来。

梁山伯回到家里，伤心极了，他想念祝英台，饭也吃不下，觉也睡不着，就病倒了，病情越来越重，不久就死了。临死之前，他告诉家里的人，他死后要把他埋在从祝家通往马家去的路边。

马家迎亲的日子到了，花轿抬到祝家

梁山伯与祝英台墓地

门口，吹吹打打好不热闹。可是祝英台却哭哭啼啼，怎么也不愿意上轿。在她父亲的命令之下，许多人推推拉拉，硬把祝英台推进轿子抬走了。

花轿抬到半路上，忽然来了一阵大风，吹得抬轿人走不动了。这时丫环告诉祝英台，前面就是梁山伯的坟墓。祝英台不顾别人的阻拦，走出轿来，一定要到梁山伯的墓前去祭悼。

祝英台来到梁山伯的墓前，放声大哭，痛不欲生，全身扑到坟上。霎时间，电闪雷鸣，风雨大作，坟墓忽然裂开一条大缝，祝英台喊着梁山伯的名字，一下子就跳进坟里去了。

一会儿，雨停了，云开了，天空出现了一道彩虹。只见一对美丽的蝴蝶从坟头上飞起来，绕着坟头翩翩起舞。人们都说，这对蝴蝶就是梁山伯和祝英台变的。至今人们还把这种黑花纹、翠绿斑点、尾翼上有两根长长飘带的大蛱蝶，叫作梁山伯祝英台呢。

• 棠溪宝剑制作工艺 •

一条合格的剑条，需要经过热锻、冷锻、反复折叠锻打，再经过錾图、渗铜，继而通过正火、淬火、退火、回火……粗磨、细磨、精磨、研磨、收光等近百道复杂工序才能制成。然而这整个过程全凭铸剑师高超的悟性、独特的技巧和积累的丰富经验，来掌握控制温度、颜色、时机，稍有差错，便会前功尽弃。这正是棠溪宝剑制作的难能之处。也正因为此，失传一千多年的铸剑工艺有着巨大的历史与文化价值。

棠溪宝剑制作工艺源于两千多年前的春秋战国时期，它之所以被古人称为棠溪剑，是因为它出产于今西平县城西五十多公里处的棠溪河畔。棠溪河从冥山龙泉流出后，蜿蜒于浅山低岭之间，因沿河两岸棠棣丛生，每逢阳春三月，花冠遮云蔽日，如烟似雪，轻风吹过，香漫四野，落英满河，故名棠溪。而这里加工生产的宝剑便称作棠溪宝剑，在此后两千多年时间里，棠溪宝剑更是名冠天下。

棠溪之金，天下之利。——《资治通鉴》

西平县西七十五里冶炉城为战国韩铸

棠溪宝剑

剑处。——《读史方舆纪要》

西平有龙泉水，可以砥砺刀剑，特坚利，故有坚白之论矣，是以龙泉之剑楚宝也。——《太康地志》

韩卒之剑戟皆出于冥山，棠谿（溪）、墨阳、合镈、邓师、宛冯、龙渊、太阿，皆陆断牛马，水截鹄雁。当敌则斩坚甲铁幕。——《史记》

天下之剑韩为众，一曰棠溪，二曰墨阳，三曰合伯，四曰邓师，五曰宛冯，六曰龙泉，七曰太阿，八曰莫邪，九曰干将。——《史记索隐》

可以说棠溪宝剑的地位在当时无人可比。但遗憾的是，在唐元和十二年（817）冬，唐宪宗发兵平定中原叛乱时，将棠溪冶铁城夷为平地、尽杀工匠，十里棠溪十里城"转眼沦为废墟"。"炉火照天地，红星乱紫烟。酒幡掩翠柳，铁歌奏更天"的历史风情画卷，从此不见。包括棠溪宝剑在内的中国冶炼铸剑绝技，也从此失传。

20世纪40年代，毕业于北洋大学堂（现天津大学）的高锡坤创办了大陆铁工厂，这不仅是西平县的第一个铁工厂，更是他开始寻梦与挖掘棠溪宝剑生产绝技的起点。其子高庆民，八岁就已经成了父亲的帮手。数十年过去了，高家父子经过坚持不懈的努力，克服了难以想象的困难，终于破解了棠溪宝剑"取棠溪水淬火"，"高温液体还原"的难题，铸造出第一把承袭棠溪地域特色的特殊工艺，具备“强，韧，硬，弹”四大特点的宝剑。高家父子在熟练掌握关键技术的基础上，又严格依照古代铜锡合金技术的工艺配方，完善了宝剑制作工艺，批量制造出形神毕肖的棠溪宝剑。

棠溪剑沉寂千年后横空出世，立刻引起了冶金界的广泛关注。1989年，全国冶金史学界专家学者云集西平，经过实地检验，对棠溪剑的研究成功给予高度评价，惊叹“莫邪干将，世有传人”。1991年棠溪剑通过省级技术鉴定。2000年10月31日，棠溪剑业公司生产的“中华第一剑”0001号被中国历史博物馆永久收藏。

棠溪宝剑制作工艺恢复与创新，填补了这项技术的空白，焊接了其曾经在中国历史上辉煌了2000多年的历史断层，继承发展了中国剑文化，把中国冶铁铸剑工艺推向了新高度。

如今的棠溪宝剑保持采冥山之铁锻铸，取棠棣木制鞘，汲龙泉水淬火的传统工艺，在一系列附属环节上不断创新，其产业已发展到五个档次十大系列一百多个品种，畅销二十多个国家和地区，成为人们收藏、玩赏、装饰、礼赠、健身和祈福镇宅的佳品。

2014年10月，棠溪宝剑制作工艺被国务院公布为第四批国家级非物质文化遗产。

• 汝南罗卷戏 •

罗卷戏俗称喇叭戏，是由“罗戏”和“卷戏”这两个古老剧种融合而成的。罗戏和卷戏能融为一体的原因之一，是其唱调多是宫调式，间或有徵调式。其唱腔粗犷豪爽、奔放高昂，具有典型的北方戏曲音乐风格。同时，卷戏善演文场戏，罗戏善演武场戏，为了相得益彰，达到文武兼而有之的演出效果，两个剧种经常同台演出，得到了观众的认可，后来群众便直接称为罗卷戏。

2008年，汝南罗卷戏入选第二批国家级非物质文化遗产名录。

罗卷戏的传统剧目有三四百出，以反映历史故事的“袍带戏”居多，也有少量的以汉族民间生活故事为内容的小戏。随着罗卷戏走向衰落，大部分剧目已经失传，唱腔音乐曲牌也随之失传。

有关专家认为，罗卷戏是百戏之祖。罗戏源于“傩”或“傩戏”，是由旧时迎神赛会、驱逐疫鬼或举行酬神还愿仪式演变而来的古老戏曲剧种。据《中国戏曲曲艺辞典》载，“罗戏流行于河南，历史悠久”。据传，罗戏创始于1300多年前的唐太宗时期，是皇帝和文武百官为了取乐而模仿天宫的仙乐编出来的宫廷戏，因此，罗戏也叫“乐戏”。

卷戏是源于汝南县的庙中老道士所演唱的经文，因为经文是一卷一卷的，所以叫“卷戏”。剧目都是讲“二十四孝”的传统故事、庙里墙壁上画的“显功”故事、佛教经文，以此教化善男信女们弃恶扬善，如《铡美案》《南阳关》《李子精临凡》《朱洪武吊孝》等。

罗卷戏的行当很有特色，首先是生、旦、净、丑行当俱全。各行当表演从不同角度把武术、杂技、狮舞、竹马、高跷、旱船等汉族民俗艺术吸收到剧种里来。武打戏粗犷、奔放、真实，用的全是真刀真枪，开打时不但“当当”有声，而且火花飞射，具有独特风格。

罗卷戏唱腔一般比较深奥，讲究音韵，词格为七、十字句，以婉转清新、优雅抒情见长。罗卷戏的唱词有个很独特的地方，即每一大段唱词由一叠一叠的三长句一短句组成，类似于中国古典诗词的词牌，一直沿传至今毫不改变，并且其传统剧目中的唱词都很文雅，专家称这很可能是该剧种鼎盛时文人墨客加盟形成的，绝不类同于其他传统地方戏的顺口溜唱词，很有古老剧种昆剧、京戏的味道，却又固守着词牌似的唱法。

罗卷戏的音乐自成风格，主要伴奏乐器有筚篥、大笛、唢呐、笙、闷子等。演武场戏时，还加有三尺多长的喇叭、羊角号。罗卷戏的打击乐器有鼓板、大锣、大镲、小镲、小锣、堂鼓、大鼓、梆子等，随着音乐的发展，不断加进弓弦乐器，如二胡、板胡、曲胡及大、小提琴等，为其他剧种所少见。凡两军厮杀等场面，所有吹奏乐器、打击乐器一齐奏鸣，大有雷电交加、金戈铁马的壮观气势。

罗戏虽非生于汝南，但其改革、发展、最终走向成熟的艺术形式却和汝南有着极大的关联。

罗戏流传到汝南，与一个名叫郑月景的人有关。郑是东明县（今属山东省）人。时值清初，他携全家来到盛行卷戏的汝南县戴堂村定居。这个戴堂正是民间戏剧基地。郑月景是民间罗戏高手，来到此地后如鱼得水。

卷戏源自寺庙，当然以“文戏”为主。作为中原地带“戏剧基地”的汝南人，不仅一点也没有排斥郑月景，而且很快从罗戏那儿发现了卷戏所没有的优点，两派艺人的交流融合，很快形成了当时汝南县所有的卷戏班子都会唱罗戏、所有的罗戏班子都会唱卷戏的局面。艺人们尤其把卷戏善文、罗戏善武的特点结合得最佳，在搭班演出的过程中，为达到两个剧种相互补益、文武兼备的演出效果，罗、卷两戏经常同台演出：在同一个剧目中，也往往是上部唱卷戏，下部唱罗戏；或甲角唱卷戏、乙角唱罗戏。民国以后，群众甚至习惯直呼“卷罗戏”或“罗卷戏”而对二者不加区分了。“罗卷戏”最终合二为一了。

罗卷戏不仅是艺人们谋生的手段和抒情言志的方式，更是一种承载民族精神与情感的重要载体。例如，卷戏多是表现汉族民间传说故事、俚语风情和男女爱情，常演的传统剧目有《吴汉杀妻》《刘金定下南唐》《朱洪武吊孝》等；而罗戏的特点则适合演神话戏、宫廷戏和征战戏之灯的武场戏，常演《皇太子出家》《杨景探兵》《斩宗保》等，这些都符合当时群众的情感需求。其唱腔道白接近群众的生活语言，演员在演剧中人物时真实感人，生活气息浓厚，所以罗卷戏在诞生后的数百年时间里，在汝南县一直拥有广泛的群众基础，深受人们的喜爱。

西平遂平大铜器

西平遂平大铜器是指西平、遂平两个相邻县的一种民间打击乐合奏形式，主要乐器为铙、镲、鼓等，具有特殊的表演风格和技法，是一种古老的民间艺术。大铜器历史可以追溯到1400多年前，而西平大铜器从传承谱系记载来看，至少也有300多年的历史。在西平县素有“城东喇叭、城西铜器”之说。城东喇叭指的是唢呐，城西铜器就是大铜器。全盛时期全县80%的自然村都有铜器队，6000多名农民成为西平大铜器的表演高手，可演奏鼓点及传承曲牌149首，每队常用曲牌50多首。

西平、遂平的大铜器主要由铙和钹组成，铙钹的形状为：圆片状，中间有突出，大的叫铙，小的叫钹。小的钹也叫镲，其质地均为响铜制作。

据考证，铜钹是隋唐时期西凉、龟兹等地的乐器，隋唐时的燕乐引进了这种乐器，大铜器即为燕乐遗音。另据《西平县志》记载，西平、遂平一带很多人是宋庆历年间至明洪武年间从西部地区移民过来的，他们带来了燕地的音乐。所以民国《西平县志·风俗篇》也曾有大铜器“古已有之”的记载。

大铜器主要分布在西平县、遂平县，并辐射至周边县市。其活动时间主要在春节前后，至元宵节达到高潮。

历史上，西平大铜器曾形成三大活动中心，并以西平县城及县城西南50多里的杨庄乡仪封镇和县城西北40里的权寨镇小店村为中心向全县辐射。鼎盛时期，元宵节期间每天平均约有100场次的大铜器表演。表演者根据不同的鼓点，变换出不同的动作花样。击铙击镲者，时缓时急，亦庄亦谐，铙八九斤重，镲也有五六斤重。辅之以直径一米左右的大鼓和几面小鼓，打击起来震天动地。有的还有两米多长的大喇叭来助阵，使得表演现场场面宏大、气势磅礴。

如今，表演大铜器已是当地农民参与最广泛的一种民间艺术。从闹年到自娱，大铜器串联起老百姓生活中的欢乐艺术，它体现的是一种民间艺术的张扬，成为当地新农村建设的一个重要文化载体。2008年6月，西平大铜器被国务院公布为国家级非物质文化遗产。

同样的，遂平县大铜器也有着一样的辉煌。它虽然和西平大铜器同根同源，但也有自己的独特优势。近几年，遂平大铜器发展迅速，也成为当地农民最喜爱的艺术项目并且在表演中屡获殊荣。2014年10月，遂平大铜器也被国务院公布为国家级非物质文化遗产。

• 确山打铁花 •

确山打铁花，是流传于确山县境内及周边地区的民间传统烟火。起源于北宋，鼎盛于明清，至今已有千余年的历史。

最早的确山打铁花活动源于宋代工匠们的祭祀活动。宋代崇尚道教，确山县境内的老乐山，曾是道教的圣地，社会上的

确山打铁花

金、银、铜、铁、锡五门工匠，与道士敬奉的是同一个祖师——太上老君。所以，每年年初，五门工匠的掌门人在开业之前，都要聚在一起，进行开业庆典的协商工作，而庆典最隆重的项目就是打铁花。最初的打铁花其实就是一场祭祀仪式，是求老君爷、火神爷保佑全年平安、生意兴隆、四季发财的。

打铁花一般只能在夜晚进行。参加打花的多是各门店的工匠，打铁花之前都要在神棚内跪拜、更衣，求神灵保佑安全，避免烧伤。工匠们的祭祀活动得到道士们的支持和参与。道士们或提供打铁花的场地（多是属于庙产的空地），或出钱出物。在工匠们祭祀游行时，道士们往往组织笙、箫、管、笛、丝竹、锣鼓等乐器，为工匠们助兴助威。平时，工匠们为道士们铸造钟、磬、云牌、香炉、火盆之类，也是不收费的。遇到道教的重大庆典，道士们也会出钱出物，请工匠们打铁花，为道教增添光彩。这无形中促进了打铁花活动的开展。显而易见，打铁花的最初目的：一是为了展示本行业的气派，取悦于群众，扩大影响；再就是讨个吉利，利用“花”与“发”的谐音，取“打花打花，越打越发”之意，象征着事业发达兴旺。

打铁花虽然好看，但表演起来却惊心动魄，极具危险性。打铁花很有讲究，要在一个宽阔的场地上搭起一个丈余高的大棚，称为“花棚”。花棚顶铺一层新鲜的柳树枝，树枝上绑满各种烟花、鞭炮等。“花棚”顶部正中竖起一丈余高的杆子，称为“老杆”。“老杆”顶上绑上鞭炮、烟花等，称为“设彩”。花棚旁边立一座熔化铁汁用的熔炉，把事先准备好的生铁化成铁汁待用。打铁花时，先把铁汁注入事先准备好的“花棒”，即一根拳头粗细、一尺多长的新鲜柳树棒，棒的顶端掏有直径 3 厘米大小的圆形坑槽，用以盛放铁汁。打花者一手拿着盛有铁汁的花棒（上棒），一手拿着未盛铁汁的花棒（下棒）迅速跑至“花棚”下，用下棒猛击上棒。十几个“打花”者一棒接一棒，一人紧跟一人，往来于熔炉和“花棚”之间，棒中的铁汁冲向“花棚”后，遇到棚顶的柳枝立刻迸散开来，铁花又点燃了棚上的鞭炮、烟花。一时间在晴朗的夜空中铁花倒悬如火山喷发，鞭炮齐鸣似两军激战，雾岚氤氲，流光溢彩，惊心动魄。每当打铁花时，附近的龙灯会还会组织龙灯赶来助兴，在铁花飞溅的“花棚”下穿梭，称为“龙穿花”。这是显示每个龙灯队阵容、意志、技巧的最佳时机。“穿花”的助兴更让打铁花场面壮观，异彩纷呈。

确山打铁花是中国民间习俗、民间艺术中富有特色的非物质文化遗产。它既与民众的祈福愿望、祈福习俗相关，又与道教艺术的世俗化密切相关，同时还融入了豫南地区民间信仰、民间舞蹈、民间音乐等生活内容，文化内涵丰富。确山打铁花的价值已不仅仅停留在观赏的层次，它具有十分深厚的内涵，与中原地区的劳动人民的生产、生活和宗教信仰、节庆习俗密切相关，已融入民族文化之中，包含着中原地区文明发展史上的冶铁文化、道教文化、民间工匠文化、祭祀文化、节庆文化等大量古代文化信息，是古代文化的集大成者。

确山打铁花活动一度沉寂，从1988年开始，由于政府和民间的高度重视，打铁花这项绝技终于再获新生。这项古代史志不载、为人所轻的民间绝技，被先后列入《河南省首批民间文化遗产工程名录》和《河南省首批非物质文化遗产名录》。

2014年10月，确山打铁花被国务院公布为国家级非物质文化遗产。

毛氏济世堂脱骨疽症疗法

毛氏济世堂脱骨疽症疗法主要治疗疑难杂症脉管炎（俗称“老烂腿”），因疗法独特，疗效较好，在豫东南地区有较大影响。

毛氏济世堂位于新蔡县，字号取“悬壶济世”之义。始于清末，有上百年历史，至今已历五代。创始人毛氏济世堂第一代老韩先儿，是新蔡县练村镇韩庄人，被韩氏后人尊称“老韩先儿”，他曾在清宫中任职，跟随御医习得诊脉问疾医术，掌握一些宫廷秘方。清朝覆亡后回乡亦医亦农，被当地人誉为“韩神仙”。老韩先儿生前将医术传给了义女和女婿。女婿毛羽君开办药铺，坐堂行医，取堂号毛氏济世堂。其“脱骨疽症疗法”出自宫廷，卓有奇效，名闻乡里。

中医药百年老字号毛氏济世堂第四代传人毛顺卿，生于1939年。自幼随父母习医，饱读中医药书。少年坎坷，颠沛流离。青年时参加中国人民解放军，后被部队保送到医学院校深造，毕业后回部队从医。“文革”中复员回乡。1979年，应老家邀请，毛顺卿从潢川县回到新蔡县练村镇毛营村组建大队卫生室，重新打出祖传毛氏济世堂名号。1980年搬到新蔡县城发展，将毛氏济世堂建设成集医疗、制药、科研为一体的中医药名号。

毛顺卿利用自己学习和掌握的现代医疗技术，系统整理和研究祖传秘方。尤其在用传统中医药治疗脉管炎、肝硬化、肝腹水、中风后遗症等疑难杂症方面多有建树，治愈患者数千人。2005年以来，“脱骨疽症疗法”等七项发明获得国家专利，在国家专利局注册。

与此同时，毛顺卿还打破传男不传女、传内不传外的祖训，带团队系统整理和研究祖传秘方，尤其在运用传统中医药治疗脱骨疽病（脉管炎）等疑难杂症方面有所创新和发展，丰富和完善了毛氏中医的治疗范围，并在结合历代行医探索和运用祖传秘方的基础上大胆创新，逐步形成了更加系统科学的“脱骨疽症疗法”，被命名为“全国特色中医”。

毛氏济世堂2010年被河南省民间文化遗产保护委员会命名为“河南老字号”称号，毛氏济世堂脱骨疽症疗法2011年被河南省人民政府公布为第三批河南省非物质文化遗产。2014年8月被公布为国家级非物质文化遗产。

• 西陵蚕神嫘祖的传说 •

嫘祖，西陵氏之女，距今5000年左右，生于古西陵国（今西平县师灵岗）。有一次，嫘祖姑娘随母亲上山采野果，看见树上有很多白色的小果果，就问母亲那是什么果子。母亲说那不是果子，是蚕做的窝，它的名字叫茧，非常结实，嚼不烂的。嫘祖心想，带回去用水煮上一煮，不就容易嚼了吗？于是，嫘祖把采到的蚕茧带回茅舍，放到锅里煮了起来。水开了，嫘祖用棍子不时地翻搅。奇迹出现了，翻搅蚕茧的棍子上带出很多细丝来，越搅越多，越拉越长。嫘祖仔细观察，细丝原来是从蚕茧上出来的。好奇的嫘祖拿给妈妈看，妈妈看到又软又细的丝线，不禁灵机一动，心想：若是用它串缀起树叶、树皮来，一定比藤条强多啦！从此嫘祖母女开始用蚕丝连缀成衣。渐渐地，整个西陵氏族都学会了采茧抽丝。

有一天，嫘祖上山采茧，发现成群的小鸟在叼食蚕宝宝。聪明的嫘祖把蚕捉到家里养，每天到岗上、坡下采桑叶喂蚕。慢慢地，野蚕变成了家蚕，再也不怕小鸟来吃了。

嫘祖在采摘野果时发现蜘蛛结网，就学着蜘蛛的办法，把抽出的丝挂到树枝上，横挂竖挂，横编竖编，编得稀了织成网，编得密了织成布。从此丝绸出现了。嫘祖把丝绸做成衣裳，穿着又舒服又好看，十里八乡的人们都跑到西陵来学艺。嫘祖养茧、抽丝、织布的美名很快传遍了中原大地。

西陵国与北边的有熊国是近邻。西

蚕神嫘祖

陵国就把织出的丝绸送给有熊国的国君轩辕，轩辕见到丝绸，感到神奇，又听说是一位西陵少女发明的，就带领随从来到西陵国拜访嫘祖。轩辕见到嫘祖，打心眼里喜欢上了她，当时就向西陵氏求婚。这年六月初六那天，有熊国杀猪宰羊，大摆宴席，轩辕亲驾马车把嫘祖迎娶到有熊国。

嫘祖嫁到有熊国，被轩辕黄帝封为正妃。两人相亲相爱，形影不离。嫘祖经常跋山涉水，深入民间传授植桑养蚕、抽丝织布技术，深受万国百姓敬仰。嫘祖死后，黄帝痛不欲生，按照当时的习俗，把嫘祖的尸体运回老家西陵国，埋葬在西陵岗上。黄帝封嫘祖为“祖神”，意为养蚕缫丝的创始人。西陵人还专门兴建了敬供嫘祖的娘娘庙。每年三月初六，西平民间都要唱大戏，纪念蚕神嫘祖娘娘的生日。

狗家庙传说故事

城市名片

——地方最美代言人

某种意义上讲，城市名片就是一座城市地域风情、科技文化的最佳代言人。每一张名片都代表着这座城市独特的形象，能让人在众多城市中间升华和凝练出独有的印象标志，这种标志既鲜明简单，又内涵丰富，同时在弘扬城市精神，传播城市文化过程中又增加了人们对城市的认同感。

城市名片，城市因你而美好!

• 香飘万里——正道小磨香油 •

世界芝麻看中国，中国芝麻看河南，河南芝麻看驻马店。驻马店素有“芝麻王国、中州油库”之美誉，芝麻产量占世界的十分之一。其地处于亚热带向暖温带过渡的地带，气候温和、光照充足、雨量充沛、四季分明，是优质白芝麻的原产地。明万历年间《汝宁府志》载：“香油以芝麻为之，香腻有味。”可见驻马店生产小磨香油历史的久远。

驻马店小磨香油以枣红透明、清澈莹亮、香味浓郁、油质醇正而蜚声海内外，驻马店市正道油业有限公司生产的正道牌小磨香油及芝麻制品便是驻马店小磨香油的杰出代表，一直深受广大消费者的推崇和青睐。

作为驻马店市一家专业生产小磨香油及芝麻制品的特色企业正道油业有限公司，其主打产品正道牌小磨香油源自正宗，货出地道，原料全部采用驻马店当地优质芝麻，经传统石磨工艺加工而成，是驻马店市最具特色和最有知名度的地方特产。

特定地域的原材料，历史悠久的传统工艺，和一脉相承又不断创新不断发展的技术能力是造就出具有浓郁地方特色的产品——正道小磨香油的不二法宝。具体说来，正道小磨香油生产过程采用的是水代法工艺取油：水洗是第一个步骤，目的是提高芝麻油的新鲜度。在芝麻炒制前，用清水淘洗滋润30分钟，使芝麻细胞充分活化提高芝麻油的新鲜度。

第二个步骤是水烟，水烟是为了去除芝麻油的焦煳味，芝麻炒制完毕后加入适量清水出烟，去除炒制芝麻过程中产生的焦煳味道。

第三个步骤是水代，水代可以使芝麻油香味醇厚绵长，芝麻经石磨研浆后用100℃的沸水加入浆内匀速搅拌，利用水与油的比重不同，用水把油代换出来，从而保证了芝麻油香味浓郁、醇厚、绵长，与此同时，公司还在坚持传统工艺的基础上又导入了全面的质量管理，从原料的选购验收到投料生产、成品灌装、入库仓储，实行全员、全过程的控制，确保了产品始终如一的产品品质。

正是因为正道小磨香油的品质与非常

明显的地域特色。2004年被国家质量监督检验检疫总局认定为芝麻油地理标志保护产品，2016年3月被国家质量监督检验检疫总局认定为生态原产地保护产品［驻马店芝麻及其制品（正道牌）］。

就在正道小磨香油从天中出发扬帆起航香飘万里之时，驻马店市正道油业有限公司也得到了社会各界的一致认可，2006年5月发起组建了驻马店香油协会，由该公司总经理担任香油协会会长。2006年12月获得河南省著名商标荣誉称号。2007年3月15日，时任河南省委书记徐光春，在“两会”期间接受央视四套《今日关注》栏目专访，畅谈新农村建设，展示全省在新农村建设方面的成就时就精心挑选了河南的四种特色产品，正道小磨香油便是其中之一。2007年7月被北京清华大学选为清华大学特供香油。2009年9月获得全国农产品加工业博览会金奖，获得第七届中国国际农产品交易会金奖。2010年6月被解放军总后勤部确定为军供保障企业。2010年8月获得河南名牌荣誉称号。2014年8月被河南省人民政府授予农业产业化省重点龙头企业。2014年11月被河南省商务厅授予“河南省老字号”荣誉称号。著名豫剧表演艺术家小香玉从不轻易代言产品，尤其是食品。后来，她打破惯例，代言正道小磨香油品牌。《大河报》《河南日报》都对此进行了重点报道。小香玉代言正道香油，香上加香。

作为一张驻马店走出天中走向海内外的城市名片，相信正道小磨香油一定会芝麻开花节节高，香飘万里是正道。

• 中国农产品加工业投资贸易洽谈会 •

2018年9月驻马店市举行了第二十一届中国农产品加工业投资贸易洽谈会。这已是该市连续二十一年举办这一盛会。

中国农产品加工业投资贸易洽谈会是由河南省人民政府和农业部主办，农业部相关司局、河南省农业厅、驻马店市人民政府承办。洽谈会以促进现代农业发展为目标，以投资贸易和技术提升为重点，突出市场化、专业化、品牌化、国际化、信息化，深入推进区域经济合作，促进农产品加工业持续健康发展。洽谈会以农产品加工业重点项目发布、洽谈和签约，优质

驻马店东西合作盛会

农产品展示和贸易，农产品加工业科研成果展示推介、项目发布和签约，农产品产销对接，农产品加工业与农村一二三产业融合发展论坛，国际农产品加工业合作交流活动，参展产品评定及品牌培育为主要内容。分别举办开幕式、重点项目洽谈、展示贸易、产品评奖、高层论坛、新闻发布等一系列活动。

中国农产品加工业投资贸易洽谈会（简称“农洽会”）是农业农村部举办的四个5A级农业展会之一，也是唯一由地级市举办的5A级农业展会，是农业农村部在河南省举办的唯一“国字头”展会，至今已连续成功举办二十一届。二十一年的办会历程，也是驻马店由传统农区向现代农区转变的历程。中国农洽会的成功举办，对驻马店农业转型发展起到了极大的推动作用，中国农洽会已成为驻马店市对外开放的一张靓丽名片。

经过二十一年不断探索和创新，中国农洽会的内容越来越丰富、规模越来越大、层次越来越高、影响越来越广、效果越来越好。农业农村部将通过中国农洽会这样的大平台，进一步丰富会议内容、创新办会机制、规范会议运作。

据最新统计，第二十一届中国农产品加工业投资贸易洽谈会，参会参展的企业近5000家，其中国内外500强企业20多家；参会客商近3万名，来自美国、法国、俄罗斯、泰国和国内各地区的172个代表团的知

名农产品加工企业参会参展，开展优质农产品展示及贸易、农产品加工业科研成果展示推介、国际农产品加工业合作交流，产业扶贫成果展示等一系列活动。

近3万名中外客商赴会，驻马店市共有72个项目签约，项目总投资878亿元。项目涉及现代农业、农副产品深加工、装备制造、生物化工、商贸物流、文化创意等。

作为国内外农产品加工领域颇具影响力的国家5A级展会，中国农洽会已成为广大农产品加工企业寻求合作伙伴、掌握先进技术、展示自身形象、了解行业动态、明确投资方向、促进产品销售的重要合作交流平台。同时也成为科研单位寻求合作伙伴的重要场所，对推动区域经济合作、促进农产品加工业健康发展发挥了巨大作用。中国农洽会，天中人民为你骄傲！

王守义“十三香”

王守义“十三香”调味品源于400多年前的开封兴隆堂，成熟于20世纪40年代，于20世纪80年代形成了自己的品牌，并逐渐在全国调味品市场独树一帜。

王守义“十三香”能在驻马店落地生根，并从这里走进千家万户，风靡长城内外、大江南北，得益于中华传统饮食文化中“医食同源”“药膳同源”的历史，也得益于驻马店这块自古就有“天中”之称的风水宝地。

明朝时期，十三香创始人王守义的祖上在开封府做官，因秉性耿直，得罪了权贵，遂弃官从医，在开封府寺后街开了一家药铺，取名兴隆堂，专营草药、香料。兴隆堂一代代传承下来，形成了多种秘传药方和药膳配方。清末时，因战乱四起，兴隆堂被迫关闭，王家人流落到开封通许县玉皇庙乡，靠着祖上流传下来的一些秘药配方艰难度日。

到了近代，王守义的父亲王文学从族上流传下来的秘方中，挑选出一种药膳配方，进行深入研究，结合各种中药香料的特点、药性还有食疗作用，把配料分为主香、辅香、导香、定香几种香料，反复实践调配，除了自己使用外，逢年过节时送给亲戚和街坊四邻用，在亲友和街坊邻居的热情鼓励下，王家做起了小本调料生意。

20世纪30年代，黄河花园口决堤后，王文学家园倾覆，流离失所，带着全家一面逃荒，一面卖些调料，长子王守义从父亲手中学到了调料秘方，根据这种调料解腥提鲜、提味去腥、香味浓郁的特点，给它取了个与众不同的称号——“十三香”，每包制成的调料上都刻有“十三香”字样的四方印章和王守义自己的印章。保证质量，包退包换，从此王家调料有了自己的字号，信誉有了保证。

王守义十三香创始人塑像

40年代初，由于十三香在驻马店销售情况看好，王守义老人一家在驻马店定居下来。70年代，由于“割资本主义尾巴”运动，“十三香”的经营一度沉寂下来。80年代初期，改革开放的春风吹遍了全国，王守义的次子王银良向父亲提出，重新把“十三香”做起来，父亲经过慎重考虑，于1984年申领了营业执照，正式成立了“十三香”厂，由于王守义父子坚持童叟无欺、取信守义、薄利多销的经营之道，使本小利薄的生意越来越红火。

当时的调味品市场上除了“十三香”之外，只有纸袋包装的“五香粉”销售，外观简陋，品种单调。1985年初，王银良审时度势，对“十三香”调味品的包装和款式进行了大刀阔斧的改革，以新颖的包装、独特的风味、优良的品质、低廉的价格赢得了顾客，迅速占有了市场，把企业带上了稳健发展之路。

随着“王守义十三香”销售领域的不断扩展，王守义、王银良父子针对全国的不同民族、不同区域对于调味品的不同要求，着手开发适合各地需要的新产品。经过认真考察、反复试验，使“十三香”配料的配方走向多样化、区域化。经过十几年的奋斗，“十三香”作为纯天然调味品，引领着调味品消费的新潮流，逐渐代替了“五香粉”“八大味”这些老产品，成为全国调味品市场的主力。

1997年，驻马店市王守义十三香调味品集团有限公司完成了“十三香”由地方品牌向省级品牌、国家级品牌的跨越，并发起了创建世界品牌的冲刺。公司为“十三香”外观申请了46项专利，并将王守义先生的头像作为“王守义十三香”商标成功注册，此举在全国开创了以人物头像注册商标的先例。

近年来，“王守义十三香”凭借着在我国调味品行业首屈一指的科研、开发能力，陆续研制开发出“麻辣鲜”、包子料、饺子料、炖肉料、炖鸡料、炖鱼料、凉拌菜料、涮锅料等200多个规格的纯天然清真调味品，并精心设计了袋、瓶、听、礼品袋、礼品箱等多种包装。公司从德国进口热风循环设备，对数十种原料先烘干再检测，在同行中首先使用了电子配料，有效地克服了产品批量差异问题，使产品质量均衡问题得到彻底解决。“十三香”品牌先后获得“中国驰名品牌”、“中国品牌产品”和“原产地标记注册产品”证书，公司被评为“全国质量管理先进单位”“全国双评双爱先进企业”“中国调味品著名企业20强”和国家级“重合同、守信誉”企业。在2009年全国东西合作经贸洽谈暨农产品加工业博览会上，王守义十三香调味品集团有限公司参展产品“经典十三香”被评为参展产品金质奖。